霓虹灯下新哨兵

——南京路上好八连故事新编

上海警备区政治部　编著

世纪文景

世纪出版集团 上海人民出版社

前　言

　　"南京路上好八连"系中国人民解放军上海警备区某团三营八连，1947年8月组建于山东省莱阳县小园村，先后参加了淮海战役、渡江战役、上海战役，1949年6月进驻上海南京路，担负警卫、执勤任务，面对各种诱惑和复杂环境，拒腐蚀、永不沾，被人民群众誉为"霓虹灯下的哨兵"，1963年4月25日被国防部命名为"南京路上好八连"。

　　"好八连"命名后，得到了党的三代领导核心和胡主席、习主席的亲切关怀。1963年8月1日凌晨，毛泽东同志题写了光辉诗篇《八连颂》；邓小平同志先后为连队题词、题名；江泽民同志三次视察连队、两次题词；胡锦涛同志六次接见连队官兵代表；今年3月，习近平主席在北京亲切接见了出席十二届全国人大一次会议的连队现任指导员闫永祥，称赞八连是全军的一面旗帜。

　　"好八连"是毛泽东等老一辈无产阶级革命家为全党全军全国人民树立的一面光辉旗帜。艰苦奋斗、拒腐蚀永不沾、全心全意为人民服务铸成了伟大的"好八连"精神，它是我党我军我国人民宝贵的精神财富，也是上海城市精神的杰出代表。几十年来，"好八连"精神随着时代的发展，不断得到弘扬升华。今年4月25日是"好八连"命名50周年纪念日，为进一步将"好八连"精神发扬光大，我们组织力量集中采写了近十年来152个反映"好八连"精神风貌的小故事，全方位地展示了"霓虹灯下新哨兵"的光辉形象，以飨读者。

上海警备区政治部

2013 年 4 月

目 录

第一部分：政治坚定篇

1. 对偶像说"NO" 3

2. 一本电子书 4

3. "烤"验 6

4. 我给父亲安检 8

5. 永不褪色的品质 9

6. 无价的领花 10

7. 特殊"礼物" 12

8. 江春生"救厂" 14

9. 烫手的钱夹 16

10. "80后"的对话 18

11. 火炬手"燃"情 20

12. 上将打"满分" 22

13. 特殊的"经济半小时" 24

14. "漫画家"的创意 26

15. 公开的批评 28

16. "红都"来的新战士 29

17. 信念的堤坝 31

18. 义拒"昧心钱" 33

第二部分：弘扬传统篇

19. 节水桶引发的争论 37

20. 指导员"试法" 38

21. 一件穿了八年的 T 恤 39

22. 永远不忘传家宝 40

23. 我们夸他"罗大大" 42

24. "月光族"变身记 43

25. 30 厘米——生命的距离 44

26. "老爷车"退役 46

27. 一顿"饭店生日宴" 48

28. "找"传统 49

29. 张桂林的觉醒 51

30. "电子鞋柜"进班排 53

31. 没有存款的"标兵" 55

32. 亮"丑" 56

33. 寻找"康师傅" 58

34. "小皇帝"的改变 60

35. 网络断线之后…… 62

36. "罗队长"修球场 64

37. 回收箱 66

38. 钱少学问大 68

39. "警示帖"里出节约 70

40. 网上对话 71

第三部分：军事过硬篇

41. 一场特殊的考核 75

42. 一道疤痕 77

43. 教员原来是新兵 78

44. 特殊的示范班 79

45. 运动会的奇迹 80

46. 开瓶 97 次 81

47. "六冠王"缘何梦破 83

48. 快了 2 分钟 85

49. "借力"打造信息化连队 87

50. 倒在终点之后 88

51. 不做"瘸腿"标兵 90

52. 智擒"拦路虎" 92

53. 借"梯"攀高 94

54. 王老板探营 95

55. 小秀才"爆冷" 96

56. 一面大旗"两面红" 98

57. 比出来的名额 100

58. 练就打赢"多面手" 101

59. 冠军的背后 103

60. 标兵连长 105

61. "拖"出来的素质 106

62. 日夺三金 108

63. 找"底气" 109

64. 4 个亚军的分量 111

65. 扑出来的勇气 113

66. 皖东砺兵 114

67. 小王脱"盔甲" 115

68. 特别的体能"套餐" 117

69. 标兵的惊叹 118

70. 朱辰退赛 120

第四部分：官兵成才篇

71. 响当当的硬连长 123

72. 播洒甘露的党代表 125

73. 点石成金"武教头" 127

74. 真情是把"金钥匙" 129

75. 遵守纪律如坚壁 131

76. 展示"八连 Style"的兵明星 133

77. 特种兵中的"特种兵" 135

78. 战友身边的"理论通" 137

79. 为民磨刀的"富二代" 139

80. 八连的闪光名片 141

81. "童阿南"的转变 143

82. 勇擒扒手 144

83. 一份调离报告 145

84. "硬汉"的泪花 147

85. "魔术师"的期待 148

86. 陈排长"变身" 150

87. 崔书记的眼光 152

88. 八连的毕业证 154

89. 利益争夺 155

90. 闫青松的"诡计" 157

91. 隐藏"身份"的背后 159

92. 一个人的连队 161

93. 张连长"拜师" 162

94. "苦脑"计划 164

95. 神奇的"笔记本" 165

96. 三个经理"回娘家" 167

97. 李武斌传奇 169

98. 梦圆"网页设计" 171

99. 学院挑中他 173

第五部分：为民服务篇

100. 喜获新生的嫁妆 177

101. 沂蒙山飞来的千纸鹤 179

102. 献血 17000 毫升 180

103. 一辆电动自助车 181

104. 19000 元捐款 183

105. "群众有难，该出手时就出手" 185

106. "雷锋复活了" 186

107. "抠门兵"捐款 187

108. 对表 188

109. "师傅"的那双手 189

110. "骆驼祥子" 190

111. 热心的副连长 191

112. 胡红根和世博有个约定 192

113. 我陪孤老看世博 194

114. 亲情剪不断 195

115. 吴仁宝送"宝" 197

116. "追梦"三十年 199

117. 20 分钟的学问 201

118. 不忍揭穿的秘密 203

119. 服务无"盲区" 206

120. 震区来了八连兵 208

121. 南京路上的"名剪" 210

122. 铁路南站的风景线 212

123. 第一代缝纫机传人 213

124. 援救"母亲路" 215

125. 巧借他山之石 217

126. 两次倡议发出之后…… 219

127. 世博园来了"老兵突击队" 221

128. 一句留言起"争议" 223

129. 一场别开生面的交流 225

130. 八连的"声音"有修养 227

131. 一封特殊的祝福信 228

132. 服务导游 229

133. 业余"演出队" 230

134. 共话"学雷锋" 231

135. 抢救"母亲河" 233

136. 冰天雪地爱民情 235

137. 挽救"边缘"亲情 237

第六部分：综合故事篇

138. 朱大姐夜访咱连队 241

139. 可贵的误解 243

140. 分解的打火机 244

141. 连长与嫂子的电话 ⋯⋯⋯⋯⋯⋯⋯⋯⋯⋯⋯⋯⋯⋯ 245

142. 张连长道歉 ⋯⋯⋯⋯⋯⋯⋯⋯⋯⋯⋯⋯⋯⋯⋯⋯⋯ 247

143. 小韩的趔趄 ⋯⋯⋯⋯⋯⋯⋯⋯⋯⋯⋯⋯⋯⋯⋯⋯⋯ 248

144. 网上开通了"连心箱" ⋯⋯⋯⋯⋯⋯⋯⋯⋯⋯⋯⋯ 249

145. 小药箱 ⋯⋯⋯⋯⋯⋯⋯⋯⋯⋯⋯⋯⋯⋯⋯⋯⋯⋯⋯ 250

146. 热水器安家记 ⋯⋯⋯⋯⋯⋯⋯⋯⋯⋯⋯⋯⋯⋯⋯⋯ 251

147. 一波三折的小广播 ⋯⋯⋯⋯⋯⋯⋯⋯⋯⋯⋯⋯⋯⋯ 252

148. 图书室内的先进理念 ⋯⋯⋯⋯⋯⋯⋯⋯⋯⋯⋯⋯ 253

149. 心灵"加油站" ⋯⋯⋯⋯⋯⋯⋯⋯⋯⋯⋯⋯⋯⋯⋯ 254

150. 幕后"小能人" ⋯⋯⋯⋯⋯⋯⋯⋯⋯⋯⋯⋯⋯⋯⋯ 256

151. 才艺"PK"展风采 ⋯⋯⋯⋯⋯⋯⋯⋯⋯⋯⋯⋯⋯⋯ 257

152. 老画家再画"好八连"连环画 ⋯⋯⋯⋯⋯⋯⋯⋯⋯ 258

第一部分：政治坚定篇

1．对偶像说"NO"

2010 年上海世博会，八连一直担负着高雄路 VIP 安检口的安检任务，每天接待的游客都是省部级以上的领导、各界明星和大腕。执行安检任务中，连队官兵虽然没有身着军装，但心中时刻牢记自己是"好八连"的战士，始终能坚持高标准，严格要求自己，没有一个战士做出有损连队形象的事。

三班新战士洪万超从小就是个篮球迷，特别崇拜篮球明星。一天，小洪正在执勤，NBA 某著名球队球星和随行人员来到安检口，随身携带着一些到园区参加活动用的签名球衣和篮球。但按照规定：球类物品属于限带品，没有证明禁止带入。

小洪和他们说明情况后，这位球星的随行翻译仍不死心，把小洪拉到一边商量起来，他承诺，只要洪万超放行，就送一件球星的签名球衣给他。小洪着实心动了一下，可当他想到连队"拒腐蚀、永不沾"的光荣传统可能因此在自己身上蒙羞，他立刻克制住内心的激动，微笑着说："谢谢您的好意，虽然我很想拥有一件签名球衣，但我不能违反规定。"看着小洪认真的样子，这位球星打消了翻译仍要继续的"努力"，把篮球寄存在了 VIP 休息点。

在执勤中，连队官兵还先后遇到张学友、李连杰、王力宏等上百位明星，但没有一个战士索要签名，要求合影，他们始终坚守岗位；多次遇到游客想用场馆证章交换安保徽记，甚至个别游客提出花钱购买，但都被官兵们婉言拒绝。

（王 骞）

2. 一本电子书

　　走进八连，我们会发现连队官兵们手中有一样与众不同的东西，那是一本精致的电子书。它是2010年2月23日，军委郭伯雄副主席看望八连时送给八连的礼物。

　　八连官兵拿到电子书之后，立即产生了强烈反响。战士们七嘴八舌地议论着如何使用。有的战士说："休息的时候可以听听音乐、看看小说，丰富一下娱乐生活。"还有的战士说："还可以看看电影。"就这样大家你一言我一语激动而兴奋地讨论了起来。

　　当时正值世博安保任务的准备阶段，各项安保训练工作正在紧张有序地进行着。有的战士就说了："首长送给我们电子书，肯定是希望我们用它来丰富自己的文化知识，在连队建设中做出更大贡献。"大家听了之后，立即联系到当前的世博安检训练工作上来。

　　"以后我们执勤肯定会碰到游客携带禁限带品，我们可以用它来学习安检有关政策法规。""在执勤时我们一定会遇到形形色色的游客，其中肯定会有很多外国游客，我们还可以用它来学习英语口语，提高会话能力。""在执勤时，游客还可能找我们咨询有关信息，我们可以将世博园的地图下载下来，平时好好熟悉，可以更好地帮游客解决问题。""我们还可以把口袋书装进电子书里，变成口袋电子书。"就这样，战士们争相出主意。

　　安检法规、英语口语、世博园地图以及政治理论口袋书一样一样地被装进了电子书，八连官兵如饥似渴地学习着有关理论，能力素质提高非常快。

　　6月份的一天上午，团长黄浦江来到执勤点视察八连的执勤情况。当时，担任箱包检查员的新战士李健锋正在对几名外国游客进行开箱包检查，他用流利的英语使这几名游客很快就了解了相关法规，最后主动放弃了自己携带的打火机和压力气罐。事后，团长惊奇地发现他只是一名高中毕业就入伍的新战士。当团长问他英语为什么这么好时，李健锋自豪地说道："我们连队每人都有一本电子书，是郭副主席送给我们的，我们每天用它来学习英语口语和安检法规。连队还有英语角，每天晚饭后，大家都会聚在一起，相互交流，提高会话能力，所以我们的英语水平提高得都很快。"

走进八连，经常可以看到，官兵们拿着电子书讨论安检法规中的细节问题，研究有关理论热点，不断创新安检的工作方法。一本小小的电子书，八连官兵拿到之后，首先想到的是沉甸甸的责任。小小的电子书在连队的世博安保工作中和日常的理论学习中发挥了巨大能量，做出了重要贡献。

（张宁峰）

3."烤"　验

"我们去十六铺水门执勤！"在团交班会上八连连长张道广掷地有声地回答。这是 2010 年 8 月，团里在进行世博安保执勤点的调换，征求各连队意见时的情形。

前三个月，连队靠着一流的标准和良好的形象，圆满完成了高雄路安检口的执勤任务，给兄弟单位和人民群众都留下了良好的印象。现如今连队主动受领天气最闷热、条件最艰苦的十六铺水门执勤任务，面对新环境、新任务的考验，连队官兵又是怎么做的呢？下面我们一起走进十六铺的执勤点去看看。

盛夏的一个下午，烈日像往常一样继续烘烤着十六铺码头的铁皮屋顶，屋顶吊扇吹出的热风已经没有任何消暑降温的效果，让人有种在蒸笼里的感觉，在安检岗位上的连队官兵额头上早已挂满汗珠，汗水也已经浸湿了他们的衣服。下午游客不多，安检站里更多的时候看到的是八连官兵如同雕塑一般的身影，但是没有一个人因为天气炎热、游客稀少而降低标准，他们个个如同松树般矗立在岗位上。

其中有一个战士格外引人注目，他叫张智强，是连队的一名上等兵，从上岗开始，他微胖的脸上的汗水就始终没有消停过，米色的安保裤上早已零落地结出一层盐巴。张智强为了防止自己中暑晕倒，每次执勤都靠定时服用防暑药品坚持着。

面对表扬，张智强却说："我不是怕自己晕掉而丢脸，只是我们每个人都肩负着连队的荣誉。连队经常说，最艰苦的地方，我们八连要第一个上！连队这次主动请缨到十六铺执勤，就容不得半点失误，既是考验，也是锻炼，更是一场战斗，打仗的时候哪里还能挑天气呢，我们必须坚持到底，哪怕有一个人倒下了，都是失败。"小张简单的几句话，道出了八连官兵既可爱又可敬的一面。

从高雄路到十六铺，从通风良好而又舒适的安检环境到闷罐子般的新执勤点，环境在变，但是八连的那股肯吃苦的劲头一直没变，他们始终坚持着自己的标准，脸上始终洋溢着笑容，迎接八方宾客的到来，在高温酷暑的"烤"验下，继续书写霓虹灯下新一代的辉煌！

（缪爱军）

4. 我给父亲安检

担负世博安保任务以来，八连始终注重引导官兵把落实世博安保政策法规和各项规定要求，当作政治问题来看待，在执勤岗位上只讲政策规定不讲朋友亲情，不打一次违反原则的"擦边球"，在184天的安检执勤中树立了"好八连"的高标准形象。

四班新战士王斌的父亲是铁路部门的一名先进工作者，2010年7月下旬，小王的父亲由单位统一组织参观世博园，正好从连队担负的VIP通道进入。那天，小王的父亲远远看到儿子正在执勤，就故意走到小王安检的通道接受安检。父亲突然出现在眼前，有大半年没见到家人的小王激动不已，有无数话想要跟父亲说。但话到嘴边，他马上意识到自己正在安检执勤。于是，转而淡淡地跟父亲说："爸爸，您好！欢迎您参观世博！但软硬包装的饮料不能带入，您的矿泉水必须没收。"小王父亲的同事发现这一情况后都围了上来，开玩笑地说："自己父亲都查得这么严啊！"小王笑着说："各位叔叔阿姨，这是我们的规定，谢谢大家配合！"见到这种情况，其他游客也深受感染，纷纷主动把矿泉水、饮料等禁限带物品掏了出来，大家由衷地赞叹："这样的安检，真是好样的！"

执勤以来，连队官兵先后20多次劝说不符合VIP标准的亲友从其他安检口入园。因为八连官兵们知道，如果在安检中给自己的亲朋好友亮"绿灯"，别人就会对连队的声誉亮"红灯"。

（王　骞）

5．永不褪色的品质

2010 年，八连光荣地担负了世博盛会高雄路 VIP 安检口安保任务。一天的执勤中，"这个 ZIPPO 打火机就给你吧。"说话的是一个衣着光鲜持 B 证的 VIP 游客，面对这个价值上千元打火机诱惑的正是六班副班长漆金虎。

刚才的安检中，战士漆金虎手法熟练地从游客包内查出这一打火机，并很礼貌地对游客说："先生你好，打火机属于禁带物品，不能带入园区，你可以选择丢弃或拿到外面寄存。"在小漆的耐心讲解下，这位游客一下子就喜欢上了这个时刻面带微笑的小伙子，并说道："这个打火机比较贵重，我还真有点舍不得扔，不如就送给你吧。"面对游客真挚的微笑，漆金虎的心一下子跳了起来。入伍前他是一个拥有 4 年烟龄的"老烟民"，来到八连后，他主动戒掉了这个坏习惯，但对于打火机的喜爱并没有减弱，面对价值不菲的打火机，他犹豫了：拿还是不拿？因为这些收缴的禁限带物品，都是统一放在一个红色放物框中的，就算他偷偷将这个打火机收起来，也根本没有人会注意。但他看了看身边一批入伍、成长的战友，小漆把手收了回去。

这种诱惑在高雄路 VIP 安检口经常会发生，可连队每一名官兵都能始终牢记自己是"好八连"的传人。即使游客送的东西再贵重，但与连队"拒腐蚀，永不沾"的品质相比起来都是那样微不足道，也正是有许许多多像漆金虎这样的战士，八连才在遂行世博安保任务中，坚决落实了胡总书记"一点小事也不出"的要求。

（张兴淮）

6．无价的领花

2007 年 11 月，参加特奥会志愿服务的八连官兵，就像一个个流动的"窗口"，处处展示着中国军人的风采，同时也不断经受各种考验。但无论在什么环境里，八连官兵始终保持"拒腐蚀，永不沾"的政治本色，很多故事被外国友人和特奥会工作者传为美谈。

一天上午，战士陈小松根据任务区分，独自一人在浦东机场候机大厅担任巡逻警戒任务。

"嗨，你好！请问 26 号登机口在哪里？"当陈小松在安检区巡查时，一位黄发碧眼的外宾用汉语向陈小松问道。

"前面右拐！"小陈边打手势边告诉他。

"谢谢！这个很漂亮！"这位外宾指着小陈军装上的领花微笑道，"我很喜欢收藏徽章。"说着，他从包里摸出一枚精致的胸章想来交换小陈军装上的领花。

"对不起！不能换。"看到小陈一口回绝，这位外宾很是失望，情急之下他迅速从背包里掏出一叠钞票说："我出 2000 元人民币，你愿意卖么？"

这位外宾本以为小陈会爽快答应，没想到陈小松的回答更加斩钉截铁："对不起，这对领花上有我们军队的象征，它是非卖品，它只属于中国军人！"

说完，小陈敬了一个标准的军礼离开了。

陈小松来自江西贫困山区，全家每年收入不足 3000 元，但在金钱面前他丝毫没有动心。看着灯光下熠熠生辉的领花由近及远，这位外宾很不甘心。他又相继找到 6 名正在执勤的八连战士，试图用 2000 元钱去买一对中国军装上的领花，结果得到的都是同样的答案。眼看飞机就要起飞了，这位外宾直摇头地对机场工作人员说："中国军人，我很佩服！Good！"

当天晚上，陈小松等7名战士就把外宾想买领花的经过向连队指导员黄森进行了汇报，黄指导员随即就此事给全连官兵上了一堂"领花虽小，意义重大"的随机教育课。

半个月后，临近退伍的陈小松在日记里写道：虽然就制作成本来说，2000元可以生产一个连队所有官兵领口上的领花。但领花是中国军队的一个标识，如果把它当商品卖了，那我在八连这两年的兵就白当了！

直到现在，八连官兵还对陈小松拒卖领花的故事津津乐道，很多官兵以此来教育自己要时刻视形象如生命。

（丁绍学）

7. 特殊"礼物"

"李旭班长回来了！"

八连一班班长李旭风尘仆仆地从山东沂蒙山老区休完探亲假归队后，就立即敲开了指导员黄森的房门。

"指导员，我回来了。我有一份家乡的礼物要送给全连官兵！"

打开李旭的背包，一本作了很多批注的《树立和落实科学发展观士兵读本》和12篇休假日记，立即映入黄森的眼帘。

"三年前，我们家乡到处是山间小路，如今这里村村都通水泥路、公交车，家家都有自来水、太阳能……"

第一篇日记里，李旭坐在回乡的车上，一个个新变化尽收眼底，家乡的交通和村民的生活环境发生了翻天覆地的变化。

"如今，在我们农村规模生产成了乡亲们关注的一个焦点。去年，我三叔李现学承包了几亩地，种起了有机蔬菜。一亩地年均收入2万多。在乡政府的规划下，村里的规模生产不断扩大。很多在外打工的父老乡亲都回来了，纷纷加入到规模生产的行列，有的搞火鸡养殖，有的搞果园种植。"

在李旭的第五篇日记里，规模生产成了沂蒙老区的热点名词。

更让李旭没想到的是，休假第三天晚上，李旭家隔壁的李大爷因犯气管炎到县医院住院治疗后，第二天乡卫生院的会计就跑到县医院进行医保费用核实，报销了1500多元的医药费。李大爷乐得合不拢嘴地说，"党的政策好，临老了还有医保啊！"

在第十篇日记里，李旭来到了村头新规划的"幸福小区"。在"幸福小区"，李旭来到高中同学陈伟家中作客。原本住在村头的陈伟一家，因乡政府拆迁规划，住进了城市化的"幸福小区"。"2008年年初，中央电视台和沂南县政府投资 1.5 亿元，以李旭家所在的常山村为中心的'中国山村好莱坞'——山东沂蒙红色影视拍摄基地旅游项目，开始规划建设。村里 30 多户居民被拆迁到村南的'幸福小区'，住上了新式小洋房。从那以后，电视剧摄制组和旅客纷纷住进了常山村，常山村也成了旅游热点，很多村民都开了农家饭店和旅馆，生意很火。"陈伟边给李旭介绍小区里的配套设施，边介绍村里的投资项目建设。

"党的政策像太阳，照到哪里哪里亮。翻开科学发展观读本的每一页，每一个发展理论都在家乡有了印证。"

李旭 12 篇日记的字里行间都是新农村里的新鲜事。

"新农村的建设如火如荼，家乡的变化越来越大。通过这次休假，我有了很深的体会：走社会主义新农村发展之路是完全正确的，国家的多项惠农政策也确实落实到了农村的各项建设中。我相信我们新农村的发展之路会越来越宽广，希望战友们退伍后都要回家乡创业去，为家乡建设贡献力量！"第二天，李旭走上讲台，用 12 篇日记深情讲述了家乡发生的新变化，让八连的每名官兵深受教育，官兵们都说：这份家乡礼物来得及时，十分解渴！

（丁绍学）

8．江春生"救厂"

九班班长江春生的父母在家乡安徽省巢湖市近郊开了一个蓄电池厂，工厂虽小，但效益一直不错，"槐光"牌蓄电池远销山东、江西等地。

2006年6月，巢湖断断续续出现蓝藻。蓝藻出现后，巢湖市政府十分重视，先后多次派专家进行勘察，最终查明导致蓝藻出现的主要原因是水污染造成巢湖水体富营养化。得出结论后，巢湖市政府立即采取措施，对排放污染物的企业和工厂进行拉网式排查。

2006年12月，小江父母开办的畜电池厂，因排放污染物超标被当地政府勒令关停。

投入了全部几十万资产的厂子关停后，小江父母心急如焚。排放点污水就把厂子关停了，这也太小题大做了吧！对此，小江父母认为当地政府明显不公，并联合周围10多名厂主，准备上访讨个"说法"。

小江得知此事后，反复开导父母："咱家厂子不符合环保要求，每天都大量排放污染物，直接影响了巢湖的水质。现在国家越来越强调保护生态环境，巢湖也是国家重点保护的湖泊之一，你们这样办厂，破坏了生态环境，被关停理所当然。"

"未来发展企业，既要追求经济利益，更要符合国家的政策规定，只要更新设备后达到环保要求，我们家厂子还能开。如果你们执迷不悟，怎么上访也没有用啊。"

听了小江的话，小江父母觉得儿子说得在理，这次没被关停的企业和工厂都在这几年相继从外地引进了新生产设备。不久，小江父母从上海购买了一批既环保又高效的生产设备，工厂符合当地环保要求

14

后很快恢复了生产。一年不到，厂子就实现盈利。这两年，厂子效益越来越好，小江父母逢人便夸："没想到儿子在部队学的大道理，还能管咱家小厂的事，还是部队培养人啊！"

（丁绍学）

9. 烫手的钱夹

2007 年 10 月，八连 63 名官兵进驻上海浦东国际机场和虹桥机场，投入到繁忙的特奥会志愿服务活动当中。

10 月 12 日，是特奥代表团离沪的高峰期，仅从虹桥机场离沪的代表团就有 20 多个。三排长侯国成带着 15 名战士从凌晨 3 点一直忙到傍晚 6 点多，为各代表团搬运行李 6000 多件。在集合准备收队时，新战士陈鑫发现候机大厅座椅下有一只黑色的塑料袋。小陈来不及打开看个究竟，就随手装进了挎包。

吃过晚饭，战士们都回房间休息了。陈鑫也劝不住眼皮打架，睡意渐浓的他来到洗漱间刷牙。刷着刷着，他突然想起下午捡回的塑料袋忘了交给排长。于是他赶紧回到宿舍掏出塑料袋，好奇地打开。这一下可把他吓了一跳：里面是一个装有两张银行卡和 3000 多元现金的钱包。陈鑫"吓"得不轻，困意全无，心跳得"怦怦"直响。"都怪自己一时疏忽，没有及时上交。现在能给排长说清楚吗？"陈鑫这样想着不住拍打自己的脑门，这一拍，又一个念头蹦出脑海：这 3000 元对家里来说可不是一个小数目，相当于父亲地里忙活一年的收入啊……

小陈揣好钱包上了床。可翻来覆去也睡不着。交还是留？和着战友们此起彼伏的鼾声，小陈的脑海里浮现出了一个画面：好八连战士徐淑潮出早操时捡了一分钱交了公，当时战士们都嘲笑他，指导员刘仁福却在晚点名时重点表扬了小徐，并意味深长地对全连官兵说："一分钱虽然是微不足道的，交了公是人民战士的本色；可是如果你留下它，它就会在你的心灵里染上一个永远抹不掉的污点。"

是啊，指导员也经常教育我们"学好千日不足，学坏一日有余"，再想想连队"拒腐蚀、永不沾"的传统，小陈恍然大悟：不要说自己是一名军人，是好八连的战士，就算是小学生，也会毫不犹豫地上交啊，怎么能光顾眼前利益而被金钱所诱惑呢? 自己真是太糊涂了，差点酿成大错。

想到这里，陈鑫一轱辘翻身下床，敲响了排长的房门……

（张宁峰）

10．"80后"的对话

2008年8月，上海大学研究生楼迎来了"南京路上好八连"12名"80后"官兵代表。一场"同是'80后'，相聚谈人生"的座谈会随即展开。

"现在我们大学里都流行超前消费，买电脑、买游戏机都是按揭付款。在这个崇尚消费的社会里，你们还死抱着节约一分钱、一粒米、一度电的理念，是不是太不合时宜了？"座谈一开始，一位研究生就提出了这样的疑问。

"在我们八连，干部战士每月都有开支计划，领了工资和津贴，都会把暂时不用的钱自觉存入银行。在我们看来，存入银行的不仅仅是钱，更是给自己存入了一种艰苦奋斗、勤俭节约的信念。我想，这种信念是任何人、任何组织、任何时代都不能缺少的！"士官班长邵明哲立即亮出自己的观点。

这时，屏幕上出现了解放初期八连官兵在繁华的南京路上，拒腐蚀、永不沾，身居闹市一尘不染的镜头。随即，画面切换到身穿07式新军装的八连官兵在南京路为民服务，补鞋、理发、照顾孤老的镜头。

"'80后'是蜜罐里泡大的，吃不了苦，而你们到部队后却能改变自己，无私无悔地为人民服务，甚至给孤老们端尿、擦身子，真令人敬佩。"

"为民服务是八连的传统，服务人民就是奉献社会，80后的青年不能没有社会责任感。我们从不会到会、从被动到主动、从应付到做精致，在为民服务中传递爱心，体现宗旨，这是多么崇高的价值体现啊！"第32代木工箱传人——列兵张鹏的发言引起研究生们的共鸣。

……

"听说你们中间也有很多大学生军官和士兵。你们考上大学为什么还要选择当兵？当兵又苦，工资津贴又少。上海到处都是'金子'。比如帮别人排个'专家门诊'号就可以挣到一百多块，面对这种反差，你们不后悔吗？"即将走上工作岗位的研究生方扬直言不讳地说。

"我们连队的老指导员——'大学生士兵标兵'公举东当兵时曾讲过这样一句话：如果我活70岁，当兵为别人站三年岗，别人就要为我站67年岗，这种奉献既应该又值得。如果处处以待遇和工资来衡量，这个社会上还会有人去当清洁工、志愿者吗？"大学生排长陈晶平的回答赢得师生们的热烈掌声。

一次对话就是一次学习，一次交流就是一次升华。参加座谈的上海大学"80后"研究生们在心头涌起了对新一代军人的敬意。

"选择一种职业就等于选择一种人生。我很后悔没有参军，如果再给我一次选择的机会，我会像八连战士那样选择去做名新时代的军人。做一个合格的'80后'战士，做一个对社会有所贡献的人。"研究生代表王轶说。

（丁绍学）

11．火炬手"燃"情

2008 年 5 月 23 日，北京奥运圣火传递到了上海地区。

八连指导员黄森与一级士官王德玉双双被光荣地选为火炬手，分别负责第 38 棒和第 183 棒的火炬传递任务。就在这一天，"祥云"火炬也点燃了八连官兵服务上海、奉献上海、保卫上海的豪情。

在当晚的电视新闻中，当王德玉佩戴着洁白的手套，从 182 棒火炬手手中郑重接过熊熊燃烧的圣火时，官兵们显得特别自豪，电视室里一片沸腾。接着，连队举行了"火炬论坛"，王德玉走上讲台，激动地说："火炬接力在上海传递只有 216 棒，我们好八连就有两名火炬手，这个巨大的荣誉和信任，是上海人民对八连的深情厚意。人民这样认可八连，我们八连更应该继承服务人民的传统，在感恩中思责，在思责中奋进。"

"我们只做了那么一点事，人民就把我们记到了心上，作为八连的一员，虽然我没有亲身体验火炬传递的神圣，但同样感受到上海人民对好八连的特别关爱、特别信任。"列兵刘行也谈了自己的感受。

"国运兴才能体育兴，百年奥运、今朝梦圆，奥运会在中国举办，让我们切身感受到了祖国综合国力的强大、国际地位的提升。作为一名共和国军人，不仅要保卫奥运圣火，更要保卫改革开放的成果，把为民服务的圣火代代传承下去！"二级士官、司务长张怡充满自豪地说。

"奥运盛会即将在北京开幕，2010 年世博会又将在上海举办，面对这样的大事、盛事、喜事，我们更应该提高工作标准，不断提升全面素质，在训练场上也要多拿奖牌。"大学生士兵刘沛桦表达了自己锻炼成长的决心。

　　论坛上，官兵们还回顾了曾洒下无数汗水的南京路步行街、东方明珠塔、上海科技馆、铁路南站等重点工程建设，谈论着上海城市建设的日新月异，体验着改革开放的巨大成就，探寻到了为民服务的动力源泉。

　　像这样的论坛活动，八连每季度都要组织一次，官兵们在耳闻目睹中坚定了政治信念，强化了宗旨意识。八连把宗旨意识与时俱进地融入官兵血脉，把连队建设科学发展根植于为人民、学人民之中，立足上海改革开放大平台，利用各种资源教育引导官兵，积极投身和谐社会建设，从中获得了源源不断的发展动力。

（徐海滨）

12．上将打"满分"

"报告！十七大的主题是……"

"你这个班长很称职，我给你打100分！"2007年2月16日，中央军委委员、总政治部主任李继耐上将来八连视察，抽问十七大应知应会理论知识后，亲切地握着一班班长李旭的手连声称赞。

李旭是全连有名的"理论通"，这名外表粗犷的山东大汉，学理论用理论却很有道道，所带班先后获得"军事训练先进班"、"野战化训练突击班"，其中4人获连嘉奖、2人获营嘉奖、1人被评为"一级神枪手"，他个人也荣立三等功一次。

"每天学懂一个理，就能一辈子懂道理"，在理论学习方面，李旭不仅自己过得硬，为了连队创建"理论学习先进班"，他更是绞尽脑汁地想办法调动战士们的学习积极性。利用每周二、四晚点名的时间，在班里开设"小讲座"，让战士们讲述学习心得；每半月在班里评选"文状元"；还自编了十七大理论学习要点"三字经"；……

一个周六，连队自由活动。指导员黄森走到三班，发现宿舍内空无一人，顿感纳闷，来到图书室才发现他们都在那儿认真地学习科学发展观理论知识。从那以后，指导员给他们班专门配了一把图书室钥匙，鼓励他们再接再厉，抓好学习。

学理论是为了用理论。李旭始终牢记科学发展观的以人为本核心，坚持真心爱兵、真情带兵。二班战士王少伟是个人进步上的"特困户"，作为家中的独子，从小未离开过父母半步。来到部队后，他极不适应，就连简单的洗衣、叠被都成了他生活上的大难题，经常坐在床边看着被子发愣，副班长说几句就哭鼻子，平时干活还比别人慢半拍。李旭却没有用异样的眼光看待小王，每次见他内务整不过来，李

22

旭都会自己承担起来，让小王在边上看、学，一有机会，还不断地鼓励、表扬他，使小王慢慢适应部队的生活。班里人开玩笑地说李旭是小王的"通信员"，但他从不介意，因为小王的进步才是他最关心的。

　　他就是这样，努力学习党的创新理论，用对科学发展观的理解，指导实际工作，推敲科学的带兵方法，在班长的岗位上，兢兢业业，默默耕耘。

（戴升平、徐海滨）

13. 特殊的"经济半小时"

"小鑫啊，你说得对，今天股票又涨了。上证综指今天突破了2000点！"晚饭后，赵鑫拨通了家里电话，刚喊了声妈，就听到了电话那头妈妈激动的声音。

听了妈妈的话，赵鑫高兴地笑了。

赵鑫的妈妈是位老股民，自赵鑫的爸爸办模具企业后，她便专门负责理财投资。经历了2006年底开始的股市疯涨，也遭遇了2008年初以来的寒流。经历多了，赵妈妈便时常向当兵的儿子抱怨："我是看透了，中国的股市是政策股，完全不按经济规律'出牌'。像我们这些政府里没人的股民，只能随波逐流。"

妈妈电话每抱怨一次，赵鑫便眉头紧皱一次。指导员黄森了解了赵鑫的心事后，有了新盘算：连队有义务让官兵身在连队放眼社会，洞悉国家经济发展大局，做贯彻落实国家政策的排头兵。

指导员登台开展"股市与国家政策"系列形势教育课，班排每天结合读报评报开展经济发展热点问题点评……系列教育紧扣一个主题：感受社会主义市场经济魅力，科学发展观魅力，不断坚定中国特色社会主义理想信念。

"今后两年，国家将投入4万亿元资金拉动内需，加快建设保障性安居工程，加快社会主义新农村建设，加快铁路、公路和机场等重大基础设施工程建设等十项措施……"每一项重大经济政策出台，指导员都要及时开展随机教育。

通过这些政策解读，赵鑫越来越强烈地感受到宏观调控政策的必要性重要性，认识到国家经济政策不是"扰股"，而是为了股市更健康地发展。

这天，部队特邀南京政治学院上海分院原副院长张克难教授来分析当前经济形势。张教授以科学发展观为指导，剖析当前世界金融危机，查找根源，让大家看清楚了社会主义市场经济的优越性。这不，赵鑫一兴奋，急于把下午听到的经济形势分析课与炒股的妈妈分享，晚饭时最爱吃的鸡腿也顾不上了，三口并两口扒完饭，便冲向了电话亭。

"妈妈，你的观点不对。这次经济危机是全球性的，我们国家经济虽然受到影响，但经济发展总体形势是好的。再说，党和国家采取了一系列宏观调控措施，股市会慢慢好起来的。"

赵妈妈担心地说："那我们投入股市的钱不就更没希望了吗？"赵鑫又开导妈妈："今年以来我们国家发生的雨雪冰冻灾害、汶川大地震、反华势力破坏奥运会事件等，党和国家都能沉着应对、稳妥处理，相信党和国家也会处理好这场金融危机的。没有政府的宏观调控，就没有中国股市的健康发展。"

一来二往，母子间的通话由"单方抱怨"演变成"双方辩论"，又由"双方辩论"发展成赵鑫"专题辅导"。

赵鑫妈妈在儿子的开导灌输下，也渐渐成为了"政策通"，赵鑫的电话被妈妈形象地比喻为"咱家的经济半小时"。

（戴升平）

14．"漫画家"的创意

"科学发展观的基本要求是全面协调可持续，其中强调的可持续发展，就是要促进人与自然的和谐，实现经济发展和人口、资源、环境相协调，坚持走生产发展、生活富裕、生态良好的文明发展道路，保证一代一代地持续发展……"一个星期三的上午，指导员黄森正在给全连官兵作科学发展观的辅导讲课。

黄森在台上讲得满头大汗，台下的战士却提不起精神，甚至有人打起了瞌睡。

课间休息时，黄森让战士们提提意见。不少战士借机提出疑问："指导员，你说的要坚持'四位一体'具体是哪些内容？""经济发展与人口、资源、环境的关系怎么理解？"黄森只能又重新一一为战士解答。

下课后，黄森分析这堂教育课"失败"的原因：科学理论是实践经验的高度总结，往往具有语言抽象、语句凝练、含义深刻等特点。但对一些文化程度不高的战士来说，有些理论过于生涩难懂、不易背记。如何才能让理论学习生动活泼呢？

下午，连队过组织生活，黄森看到不少战士围在"小画家"朱辰的身边，朱辰拿起笔简单几下就勾勒出一个个惟妙惟肖的形象，引得战士连连叫好。黄森若有所思地点点头，心里有了主意。

"今天啊，我带大家看一个画展。"教育还没开始，黄森先卖了个"关子"，将全连官兵带到连队俱乐部。只见十几幅漫画作品整齐地挂在墙上，大家的兴趣全被漫画吸引了。"这个造纸厂随意排放污水，旁边的河流都染黑了，这不是破坏生态平衡吗？""树林都被砍完了，鸟都飞到城市安家了，这个去森林打鸟的猎人真可笑。""地下的煤都给采光了，建在上面的楼不倒才怪呢！"战士们一边看漫画，一边议论纷纷。

见时机成熟，黄森这才引入正题。"从这些漫画中，我们可以直观地看出全面协调可持续发展的重要意义。人们常说'既要金山银山、更要绿水青山'，我们是一个人口众多的大国……"战士们静下来，听黄指导员讲课。一堂课上完，不少战士觉得意犹未尽，拉着指导员问这问那，教育内容很快被战士们熟记于心。

（孙　斌）

15．公开的批评

"听讲不专心的有陈晶平……"教育课刚结束，陈晶平排长在全连面前被指导员点名批评。

"指导员，我太冤了！上午训练太累，中午又忙着准备周末的演讲比赛，下午上课能不犯困吗？"在晚上的支委会上，陈晶平直倒苦水。

"不注意听讲的不止你一个，为什么唯独批评你呢？"面对指导员的问话，刚到八连任职的陈排长一脸茫然。

"因为你是八连的干部。八连的带兵人就得处处作表率，不能搞特殊。"黄指导员的话，让陈排长认识到小批评小进步、大批评大进步，当即请求支部其他委员以后多帮带自己。

在八连，党支部最注重也最善于运用公开批评、教育管理干部。为此，他们还总结了一连串的"批评经"：对个别自尊心特别强的干部，公开批评之前要个别"透透风"，让他们要有思想准备，明白公开批评是为了教育大家；对性格内向的多用温和式批评；对固执的应用严厉式批评；对心胸狭窄、易背思想包袱的适用迂回式批评；对有一定知识修养、性格倔强的适用商讨式批评等等，做到批评"对号入座"，"一把钥匙开一把锁"；批评过后及时"充电"，对他们进行劝导、鼓励，使他们认识到大家并没有因批评而冷漠他，帮他们重新树立信心……

从公开批评中，战士们更看到了干部的高标准严要求，训练生活更向干部看齐，干部的威信更高了。

（戴升平）

16．"红都"来的新战士

新兵刘沛桦来到八连第一天就干了两件出人意料的事。

第一件事是在连队组织的教歌会上，刘沛桦主动提出要当教歌员，还一口气唱了 10 首革命歌曲。

第二件事是连队指导员黄森在全连面前提出，第二天由刘沛桦给大家讲一堂革命传统教育课。

"相信大家一定听过《十送红军》这首歌吧。这首歌源自一个真实的故事，讲述的是红嫂陈发姑在送别丈夫长征时的离别情景。我今天讲的革命传统教育课就从这个故事开始，和战友们一起说说发生在红色故都——江西瑞金的红色传统故事。"刘沛桦的开场白十分老练。

"瑞金是中央革命根据地的中心，是中国第一个红色政权——中华苏维埃共和国临时中央政府诞生地，是举世闻名的红军两万五千里长征的出发地。瑞金境内有 180 多处革命遗址，像著名的'吃水不忘挖井人'的红井、红军战士纪念塔、中央政府大礼堂、中央政治局旧址等。"

很快，战友们都知晓了刘沛桦的"身世"。小刘来自瑞金，出生于一个军人世家。

"在我很小的时候，爸爸就告诉我，爷爷在长征途中牺牲了。我叔叔、伯父为了完成爷爷的愿望，都参了军，就连我姐姐也嫁给了一名军人。在我们瑞金，参军报国是一种光荣传统。长征时期，我们瑞金县仅有 24 万人，而参加红军的就有 4.9 万，几乎所有的青壮年，甚至十四五岁的小鬼都加入了革命队伍。我们家隔壁的二爷是老红军，也是个孤老，他告诉我他的八个儿子全部当了红军，全部壮烈牺牲……"刘沛桦的一段真实的故事让全场官兵鸦雀无声，他的话语间流露出了一种特殊的爱军之情。

从上小学起，刘沛桦就立誓要接过父辈的枪，当兵报国。高中毕业考上大学后，刘沛桦背着父母亲偷偷报名参军。然而体检通过后，在部队当军官的姐夫却悄悄向刘沛桦透露信息："现在部队需要大学生士兵，读完大学到部队才能干出一番事业！"听完姐夫的话，刘沛桦就暂且放弃了参军的梦想，专心上了大学。经过三年大学生活的洗礼，刘沛桦参军报国的愿望不但没有被冲淡，反而更加强烈。每逢暑假，小刘都要到姐夫的部队里去感受部队生活。

2007 年 12 月，刘沛桦如愿以偿地参了军，更让他意想不到的是，自己竟然成了"南京路上好八连"的一员。

"从长征发源地到改革开放的前沿阵地大上海，虽然我们家乡不像上海这么富有，但我们瑞金人对党、国家和军队的感情比大海还要深。我一定要接过爷爷的枪，在'南京路上好八连'这个战斗集体里当一名出色的军人。"

刘沛桦的讲课赢得全连官兵热烈的掌声。八连官兵发自内心地为他赞叹：这个新兵不简单。如今，刘沛桦已是八连有名的新兵秀才——连部文书。

（丁绍学）

17．信念的堤坝

1998年8月7日，全世界的目光都聚集在江西九江的长江堤坝上。这一天，肆虐的洪水撕开堤坝已经五天了，一场数万军民封堵决口的激战已进入白热化。

距离九江城不远的湖口县一中，正在临时搭建的校舍进行补课的师生们，暂停了课程，把一台电视机围了好几圈，大家密切关注着电视里九江堤坝堵口的报道。

当看到几百名人民解放军跳进咆哮的激流，手挽手搭成人墙堵住决口时，整个校舍沸腾了。当时，正在上初二的八连士官班长左辉只有13岁。他从心底涌现出一种对军人的崇高敬意，在心里种下了一个坚定的信念：长大了，我也要做个军人，回报祖国。

2005年11月，刚从九江学院体育系读完大学不久的左辉，放弃了到学校当教师的优厚待遇，偷偷跑到镇武装部报名参了军。

让左辉意想不到的是，自己被分到响当当的"南京路上好八连"。来到八连的第一天晚上，左辉躺在床上彻夜难眠，回想起几十万军民誓死保卫九江的情景，他的信念更加坚定：我一定要当一名"好八连"式的好兵！

在八连，左辉像一个铆足了劲的发条，不知疲倦地工作着、训练着。很快他就从同年兵中脱颖而出，当兵第二年就当上了副班长，第三年就转了士官，当上了班长，并荣立了三等功。

2008年5月12日，四川汶川发生地震后。左辉第一时间就递交了请战书，要求到灾区参加抗震。地震第二天，左辉就主动掏出700元钱，要求捐给灾区，给灾区抗震出一份力。

"从九江抗洪到汶川抗震，两场灾害让我更加坚定了爱国爱党爱军的信念，也让我彻底明白了一个道理：再大的灾难强大的祖国永远是靠山，再多的困难全国人民永远是靠山。我作为一名从灾区走来并享受过国家恩惠的八连战士，更要自觉地用自己的青春和热血来报效国家、奉献社会。"左辉坚定如铁地说。

（丁绍学）

18．义拒"昧心钱"

2007 年 8 月 7 日。浙江金华。"开心面包房"。

"老板在不在，我有事和他谈一谈。"一个戴着墨镜的小伙子推门而入。

"您找老板有什么事儿？"一名员工迎上前问。

"听说你们这儿生意挺红火，我这儿有一批面粉，你们要不要？物美价廉。"小胡子说。

"有产地的资质证明和技术监督局印发的'QS'合格证明么？"原八连炊事班副班长、面包房老板李飞翔从操作间走了出来。

小伙子紧跟上前，一面递烟，一面把李飞翔拉到拐角处，神秘兮兮地说："先看看样品，特白的。"只见他伸手从袋子里抓出一些样品。

"呵，真白啊，比一般的一级粉整整白了两个成色。"李飞翔用手一碾有一点滑，他细细地捏了一小把放在嘴里，一尝便皱起了眉头。"你这面里掺了滑石粉！这货我不要！"李飞翔气愤地说。

"兄弟，先别急，我给你低价还不行么？"小伙子把价压到每斤低于市价两毛钱的价位，看到李飞翔仍不为所动，又从口袋里拿出几张发票说："你看，我这里有正规的发票和质监局的'QS'认证，别人肯定查不出来。"这时，李飞翔怒从心生，大声喝斥道："你们这些黑心商贩，不仅见钱眼开、唯利是图，还道德丧失、贻害百姓，难道咱们金华火腿的敌敌畏事件还不值得反省么？去吧，我不会买你的面粉，这种昧心钱我不赚。"

说起金华火腿事件，李飞翔记忆犹新。媒体曝光的时候，他正在八连当兵。

金华的一些不法商贩为了防止火腿腐烂、生蛆，就用敌敌畏浸泡火腿后进行晾晒，对消费者的身心健康造成了巨大损害，在国内引起了极坏反响。为此，八连炊事班还召开了专题教育会。会上，司务长语重心长的告诫仍然在他耳边回响："炊事人员担负着全连健康的责任，你们一定要为战友的身体着想，做好每一件工作，万万不能贪便宜，随意购买不知出处的食品，食如天大啊！"

李飞翔虽然已经退伍4年，回到家乡也进入了食品行当，但他牢记连队教导，从不通过坑害消费者赚昧心钱，成为守信用、讲道德的个体经营者，多次被当地工商部门评为先进个体户。

（徐海滨）

第二部分……弘扬传统篇

19．节水桶引发的争论

"我认为还是全部换新的，这样才能达到统一规范的要求"，"颜色不一样也没关系，只要能节水就好了"……2012年3月的一天，连队会议室里，八连干部骨干围绕淋浴间的节水桶该不该换展开了讨论。

这一"纷争"的缘由其实很简单。原来，自从连队装上了太阳能热水器后，大家训练回来都能洗上热水澡，享受到了现代化生活设施带来的方便。可细心的战士发现，每次冲浴前水管里总会有一段凉水白白浪费掉。为了节约用水，在这名战士的建议下，连队给每个排买了3只塑料桶，放到喷头下专门用来收集冷水，并在上面贴上"节约用水、人人有责"的警示句。这些桶的外形、颜色、大小都一样，摆成一线煞是好看，成了连队的一道风景线。

由于使用频繁，两个月后，3只桶发生了不同程度的损坏，贴上胶带以后，看上去就显得不那么美观了。于是，就有战士悄悄地把这3只桶拿到了储藏间，并提出重新买桶更换的建议。

节水桶的作用是让别人看的，还是用来节水的？为了整齐划一重新买桶，是不是一种本末倒置？连队勤俭节约的传统，一旦贴上功利的"标签"就会变味。几名班长经过讨论，认识到了勤俭节约的本质要求。

不久，打上"补丁"的节水桶，重新放到了喷头下。在战士们的眼里，它们显得不那么"刺眼"了。

（张宁峰）

20．指导员"试法"

"指导员被连值日点名批评了！"2011年12月5日晚点名结束后，八连官兵纷纷议论起来。

原来，去年连队从全军先进连队学习回来，学到了许多好的做法，其中一个就是"走直线，拐直角"。当天，四班新战士小宁，因为赶时间去休息，一看没人，便直接绕弯回连队了，被细心的指导员闫永祥看到。

晚上点名时，连值日出人意料地通报批评了指导员的队列不够标准。点名结束以后，全连议论纷纷："指导员怎么会被批评？"原来针对连队有部分人员对连队走直线拐直角的做法的不理解，指导员就故意与连值日演了一出戏，现身说法给全连做反面示范。并围绕直角要不要走，全连人七嘴八舌议论起来，连队大学生士兵小沈主动说，我们走直角是要走出我们自己的优良传统，牢记职责和使命。

那次教育以后，全连官兵都自觉起来，走得也很标准，小宁还对战友们说："传承连队的优良传统，千万不能绕弯路，做八连传人，千万不能打折扣。"

（王骞）

21．一件穿了八年的T恤

　　排长李旭当兵在八连，而后提了干，毕业又回到了八连。多年的部队生活，军人的朴实，连队的艰苦奋斗培养了他务实的生活作风。

　　2011年3月的一天，战士闻阳和他一起在洗漱间洗衣服，看到李旭盆里有件很旧很破的T恤，便主动和他交谈起来："作为干部怎么能这样对待自己呢？排长，这衣服该'下岗'了"。李旭笑了笑说："它和我一起来到八连，算一算，这件衣服的兵龄，都快8年了。我怎么能丢了它，忘了连队传统？"

　　李旭对待自己简单，对战士可"不简单"。每年老兵退伍时，他都自己出钱买纪念品，每次有好吃的都先给战友们品尝；每次有战士受伤、生病他都细心照顾。他总笑呵呵地说："身在好八连，事事走在前，不忘老传统，才能当传人！"

（王　骞）

22．永远不忘传家宝

艰苦奋斗是八连的优良传统，是连队的连魂，八连在被国防部命名为"南京路上好八连"的 50 年以来，一直发扬着艰苦奋斗的传统，连队官兵都以此为荣，并且都在自己的军旅生涯中取得了很大的收获。2010 年年初，中央军委郭伯雄副主席来到八连视察指导，连队在向郭副主席汇报了连队的基本情况和战士们的成长经历之后，郭副主席勉励大家，要继续高举艰苦奋斗的旗帜，永不自满、永不停滞、永不褪色。

2010 年，八连担负世博安保任务来到了屯兵点，虽然生活的空间小了，但那里浴室有热水、班排有空调，世博局还为他们加拨了伙食费，饭菜质量都提高了很多，就连水果饮料每周都有保障，生活条件非常的优越。在这样的情况下八连的官兵们还能继续保持艰苦奋斗的作风吗？连队针对这样的问题展开了讨论，二班战士罗杰在讨论中作了这样的发言："这些优越的条件都是我们的前辈艰苦奋斗用血汗换来的，如果我们不继续奋斗不懂得节约而是把它当作一种资源来享用的话，那么这种来之不易的资源很快就会被耗尽，我们的生活只会越过越后退。"罗杰是 1993 年出生的，入伍前是个花钱大手大脚只图享乐的高中生，入伍后对艰苦奋斗能有这样的认识让大家都很欣慰。

其实，八连所有的官兵都有与罗杰一样的认识，走进八连就不难发现！尽管在屯兵点条件非常优越，但是他们吃完饭后碗里从不剩下一粒米，发的水果饮料也不会浪费一点，晚上睡觉更是及时地开关空调，就连洗澡抹肥皂的时候都会把水龙头关掉。这些行为足以说明好八连的官兵在新时期优越的生活条件下都没有丢掉连队艰苦奋斗的传统。如同毛主席说的，"务必使同志们继续地保持谦虚谨慎、不骄不躁的作风，务必使同志们继续地保持艰苦奋斗的作风。"高举艰苦奋斗的旗帜，永葆革命军人政治本色！

（缪爱军）

23．我们夸他"罗大大"

自从高雄路安检口增加了 4 个团体通道后，任务变得更加繁重，连队根据实际情况又增加了几个安检岗位。其中，位于安检口外面维护秩序和宣传报道的岗位是最辛苦、最劳累的一个，因为这里没有遮阳纳凉的地方，长期暴露在阳光烈日的照射下，而这个岗位的负责人就是二排长——张来贵。

时间一天一天地过去，但他没有因为环境的艰苦、任务的劳累而放弃。这个岗位的执勤时间从八点半到十一点，长时间的烈日暴晒，让他的皮肤一天比一天黑，好几次因为流汗过多而虚脱，甚至有几次差点中暑，但他依然坚守在自己的岗位上。有一次团长去执勤点时无意中看见他，惊讶地说："以前很熟悉的，现在黑得都不认识你了！"后来团长还在全团骨干面前表扬了他。这不禁让人想起八连前辈罗大大的一个小插曲，当初罗大大因为皮肤太黑，曾被当时的连队领导戏称"黑不溜秋不上岗"。如今的二排长为了连队而变黑，不仅继续站好自己的那班岗，还要带领其他同志一起站好世博安保的岗。

不过宣传报道组的其他几个成员对于排长的情况却是看在眼里，忧在心里，几次主动提出和排长换个位置，但排长却幽默地说："你们想抢我的岗位么？那可不行，作为安检口第一线，我可是形象大使啊，你们谁也甭想跟我抢。"

幽默却又朴实的话，道出了作为干部、八连传人以及党员的觉悟和思想境界。他不愧为我们安检岗位的形象大使，新时期的"罗大大"。

（丁绍学）

24. "月光族"变身记

　　战士陈鑫入伍前喜欢上网、泡吧，是个典型的"月光族"，每月4000多元的工资一到手，不出半个月就花得精光。

　　来到八连后，津贴费根本不够用，经常向家里要钱。干部骨干给他讲艰苦奋斗的传统和拒腐防变的道理，他不以为然，还振振有词："我花的是自家的钱，有何不妥？何况我只是个小兵，拒腐防变是党员干部的事，与我何干？"

　　连队根据他的性格特点和喜欢看谍战剧的爱好，为他量身定做了帮带计划。每当津贴费一发下来，干部骨干就和他一起学习勤俭节约标兵的先进事迹，并让他像这些标兵一样，认真填写津贴消费计划，贴在墙上供大家监督；每逢休息时间，干部骨干就陪他一起看谍战剧《地上地下》，当看到剧中的一些小人物因贪小便宜或花钱大手大脚而被特务利用，成为帮凶的镜头时，大家就给他讲拒腐防变与身份职务无关，小人物不加以警惕也会走上歧途，断送前程的道理。

　　渐渐地，"勤以裕财、俭以足用"的观念在陈鑫心中扎根，他很快改掉了乱花钱的不良习惯。后来，还被连队评为勤俭节约标兵。

（陆雄飞）

25．30厘米——生命的距离

2009年4月6日，好八连参加世博工程劳动的第一天，工程所在地是著名的江南造船厂的原址。为体现节约环保的宗旨，工程主体以改建场馆为主。

他们接到的第一个任务就是到船坞底层捡钢管和扣件，船坞主体长220米，宽50米，将改建成剧院，为此又在船闸内建立了一道拦水坝，八连的作业区就在闸门和拦水坝之间。

由于闸门和拦水坝之间的距离不到5米，没有楼梯上下，只有一条宽不到30厘米的脚手架供作业人员上下，且因年久失修，船闸渗水，加上掉落的建筑垃圾和沉积的淤泥，环境十分恶劣，工人们都不愿意干。

八连官兵被带到作业现场以后，也着实吃了一惊，旁边的几个农民工在船闸上看着，相视而笑说："又不给他们钱，搞不好命都搭进去了，他们真傻。"

带八连过去的工地科长看了看大家，也不好意思地说："算了，还是不下去了吧，咱们换其他活。"连长张道广镇定地说："没事，我们注意点就好了，能给我们找根长绳吗？当安全绳。"

科长一听，喜出望外，很快就找来了绳子。张连长自己当安全员，把绳子系在腰上保护，战士杨志勇个头小但是胆子可不小，第一个冲了下去。在捡扣件的过程中，他不怕苦，不怕累，不怕脏。下面的扣件都是分散的，官兵们的任务是把它们捡起来装进袋子里，杨志勇在捡一个扣件时看到下面有一片黄黄的东西，还弄得满手都是，他抬起手一闻，竟然是大便，他只是皱了下眉头，并没有因为这个甩手不干，而是把手在积水里涮了一下，又埋头苦干起来，战友看了都对他竖起了大拇指。他用自己的实际行动诠释了人民子弟兵的真正含义，用自己的辛勤汗水延续了八连艰苦奋斗的传统作风。

（张宁峰）

26．"老爷车"退役

"我们炊事班应该买辆新自行车！"2004年6月，八连召开军人大会。一向沉默寡言的给养员王书俊略显激动地站了起来。

"新三年，旧三年，缝缝补补又三年！"这是八连的传统。在八连的传统"词典"里，营具越"老"越有传统价值。王书俊这是怎么了？竟敢"冒连队之大不韪"。

说起自行车，王书俊满腹委屈。

王书俊天天买菜骑的自行车，已磨损得不成样子。每当他推车出现在菜市场，别人都开玩笑："好八连的老爷车又来了！"一天，一个卖鱼的摊贩拉住王书俊："现在都什么条件了，连菜场清洁工都骑上了电动车，这破车你们还舍不得扔。干脆我出钱给你们买辆新车，也算拥一回军。"

这车的确破不堪用。碰到车胎漏气、掉链条，王书俊只得推着车、驮着菜走回连队。自己吃点苦也就算了，还耽误炊事班烧饭。他几次建议司务长给连队打报告买车，司务长总是面露难色："连队一直靠艰苦奋斗持家，要钱买车——我开不了口。"

"老爷车"修了很多次，细算下来，修车花费已够买一辆新车。

王书俊的这番"诉苦"，引起许多官兵共鸣：时代在发展，条件在改变，八连建设和官兵成长的需求也在变。难道艰苦奋斗的传统，就是一座冷峻的雕像吗？

这层"窗户纸"早该捅破了！

在八连，让大家尴尬的不止一辆自行车：电脑坏了，不敢请地方人员来修，怕丢了连队"营产营具自己动手修"的传统；磁卡电话前，战士们打电话总是躲躲闪闪，怕沾上"乱消费"的影响；战士半夜站岗回来，肚子饿了不敢吃碗方便面，怕坏了"不吃零食"的规矩……

如何与时俱进继承传统？在连队组织的讨论中，官兵们打开了"话匣子"。

弘扬艰苦奋斗精神，不是要过苦日子、当苦行僧，而是既要艰苦更要奋斗；继承好传统必须解放思想，用发展的眼光看待新问题，以宽广的胸怀迎接新时代。

不久，新自行车被官兵们迎进八连，同时迎来了解放思想、创新传统的时代责任。

（丁绍学）

27．一顿"饭店生日宴"

2010年2月19日是八连战士小刘的20岁生日。生日这天，小刘的父母来上海出差，顺便在饭店订了一桌生日宴为他过生日。

"小刘和父母到饭店过生日，还办宴席了！"消息传出，八连官兵对此议论纷纷。"连队传统小刘不是不知道，这也太浪费了点吧。""父母来上海陪着过生日，难得消费一次也谈不上浪费！"

连队战士间的留言引起了党支部"一班人"的深思。这件事看起来小，反映的却是新形势下如何正确对待连队传统、如何对照科学发展观要求、与时俱进弘扬艰苦奋斗精神的大主题。理不辩不明，围绕这一问题，连队党支部专门在局域网上开辟专栏，组织大家进行讨论。

接着党支部举一反三，把一段时间内遇到的国家实行拉动内需政策，还要不要规定战士每月存钱；持卡消费是不是不讲艰苦奋斗；用洗面奶洗脸、啫喱水护发是不是不讲传统等问题梳理成"35个怎么看、怎么办"，再次组织官兵展开讨论，让大家搞清楚哪些是提倡的，哪些是允许的，哪些是要反对的，连队按照"光荣传统不能丢，具体做法讲科学"的原则，实事求是地对一些不适应时代要求的做法进行摒弃，大胆提出不把官兵合理需求看成思想问题，不把适度消费看成大手大脚，强调艰苦奋斗要在永葆本色、拼搏奋斗、敢于创造、讲求效率、牺牲奉献等方面下工夫，使实践艰苦奋斗精神有了更加广阔的空间。

"时代在变，上海在变，南京路在变；'好八连'官兵的成分在变，思想在变，需求在变。但是永远不会也不能改变的是艰苦奋斗的信念。"最终这成了八连官兵的共识。

（丁绍学）

28. "找"传统

战士张浩家境富裕，从小得到父母万般宠爱，大了反而沾了一身毛病。父母怕他不学好，就送张浩当了兵。

"你讲你的艰苦奋斗，我要我的自由享受。"初到八连，张浩我行我素。每月发了津贴，他虽像别人一样存一半，暗地里却不断向家里要钱，月花销上千元。

班长看着着急，就给他讲老前辈打草鞋、糊信封、缝补衣服的故事，张浩不屑一顾："拜托，别总拿传统说事儿。那个艰苦朴素的年代，能和如今改革开放的新时代相提并论吗？"连队安排他跟随"为民服务班"到南京路上磨刀、补鞋，意在让他感受老百姓勤俭持家的传统美德。张浩人虽去了，回来却怪话一大堆。

艰苦奋斗是八连的传家宝，是战士立身做人的必修课。张浩对传统的冷漠，实为认知陌生。让张浩从内心深处认同"艰苦奋斗"，首先要借助现实话题，从情感上找"突破口"。

连队学习科学发展观，指导员点名让张浩上台谈体会。讲到质量效益话题，张浩来了精神："我爸在家办厂，质量就是生命，时间就是金钱。这个年代不讲效益，怎么可能赚到钱啊！"

连队组织"传统生命力"教育交流，指导员又让张浩上台话感受。

台上的张浩滔滔不绝。他结合父亲创业起步、严格治厂、紧抠效益、创造财富的实际，嘴里不时蹦出"艰苦"、"奋斗"的字眼。每当这时，指导员就带头鼓掌。

连队氛围的熏染，加上班长老兵们的垂范，张浩逐渐对艰苦奋斗精神有了认同感。在一次教育课上，张浩主动要求发言。他拿出日记本，高声念道："八连的光荣传统，是连队名扬天下的力量之泉。学会艰苦奋斗，能过苦日子，会过好日子，可以管人一辈子！"这番感言，让大家喜出望外。

张浩学会了"过日子"，也学会了关心别人。

母亲节前夕，张浩取出部分存款，买了一盒护肤霜寄给母亲。母亲收到礼物后，激动地给连队干部打来电话："谢谢你们的关心教育，让这个臭小子懂事明理了。好八连真是名不虚传！"

（张宁峰）

29．张桂林的觉醒

张桂林上到"大三"来当兵。目标很明确：当两年兵回去继续上学，为毕业找工作积累"资本"。

这个"大学生士兵"，喜欢独来独往，为人处世信奉"事不关己，高高挂起"的人生哲学。因此，在一些战友眼里，张桂林有点"恃才自傲"。一天，团支书让他发挥绘画特长，利用课余时间出板报，他认为"侵占战士个人利益"，满脸不高兴；排长请他为战士补习文化知识，他借口"学习要靠自己"，推脱不愿干；战友批评帮助他时，常是话不顺耳便闹得吹胡子瞪眼睛，不欢而散……

连队干部没有简单对待这个兵，而是润物细雨地让张桂林思考"立身做人，当兵为谁"的道理。

一次，上海市书画家协会到八连过"军营一日"。连队有意安排张桂林负责接待。见到那么多"名家"、"大家"，他忙前跑后，不亦乐乎。

在老师的指导下，张桂林画了一幅《独钓寒江雪》，地方报社记者拍下这个场景。第二天，这张表扬八连战士多才多艺的图片，刊登在报纸上。看到报道，张桂林不好意思起来，心想：自己那两把"刷子"，凭什么见报，还不是因为八连威望高，人家"爱屋及乌"。而自己沾了八连的光，平时却没给连队作什么贡献。

此后，张桂林有了"主人"的责任感。连队"才尽其用"，安排张桂林担任连史解说员。

为胜任传递光荣传统的"火炬手"，展示八连学习落实科学观的成果，张桂林读连史、学理论，查资料、写文稿，精心续写了连队近年科学发展的历史。参观者听了他的精彩解说，无不称赞他"学识高、有水平，不愧为好八连新一代"。

　　投以桃李，报以琼浆。在连队他被评为"理论学习标兵"、"优秀士兵"，当上了文化骨干。做错事情时，他能够虚心接受战友的批评，战友遇到困难，他主动伸出援助之手，还先后为地方贫困学生捐款600多元。退伍离队时，他由衷地说："在八连当兵，我在学习科学发展观、熟读连史、弘扬'连魂'的过程中，寻找到了连接历史、现实与未来的精神隧道，一辈子受益无穷！"

（张宁峰）

30."电子鞋柜"进班排

近几年，凡来过八连的人都说八连变了，变得充满时代气息，走进班排房，战士的床头除了有上级统一配备的电脑、炊水机、电视机、还有一个特殊的电子鞋柜……

电子鞋柜进班排，还得从六班新战士谭硕斌说起。2005年6月，小谭仿佛有啥心事，整天眼红红的，干啥事情都提不起劲，整日无精打采，班里的战士晚上总见他在床上翻来覆去睡不着。班长江成科几次关爱地问他有啥心事，可他总是支支吾吾的，欲言又止。

小谭是不是刚入伍想家了？小谭家里是不是出了什么事情？还是小谭对连队的生活还不适应？正当大家猜测不定的时候，一天，小谭体力不支倒在训练场上。在班长江成科和战友的关爱询问中，小谭终于吐露出了心事："班里的脚气味太刺鼻了，熏得我整天睡不好觉。"听了小谭的诉说，战友们沉默了。

小谭睡不好觉的事上了连务会，成了大家争论的热点。会上，有的说，小谭太娇气，忍一阵子就习惯了；有的说，咱步兵连整天穿着胶鞋搞训练，运动量大、脚汗多，全连很多人都生了脚气病；有的也诉苦说，脚气常常痒得睡不好觉，经常搓抓得脱皮流血还不过瘾……大家讨论半天，也没有个结果，小谭被脚气熏得睡不着觉的事，也成了连里的"挠心事"。

事情凑巧，没过几天，共建单位上海新足宝公司到连里慰问时听说了这件事。公司领导当即决定："我们已研制出一种新产品——电子鞋柜，具有除臭、消毒、净化空气的作用，公司免费赠送给你们！"

鞋柜送来了，搬进排房，又引发了大家的争论。有的官兵认为，八连连魂是"艰苦奋斗"，不能因为小小的脚气毁了传统；有的说咱们天天讲节约一粒米、一滴水、一度电，这不是给连队增加负担吗？面对大家存在的思想误区，连队组织大家围绕"解决了臭味还是不是保持艰苦奋斗传统，以人为本和艰苦奋斗如何对接"的问题展开思想交锋。连队组织大家学习《树立和落实科学发展观》读本，使大家深刻领悟"以人为本"的精神内涵，艰苦奋斗不是"守旧守摊子"，而是科学解决官兵工作生活学习中的难题，培育官兵追求健康美好的生活情趣。

自从电子鞋柜在连队安了家，连队班排宿舍里的空气清新了，小谭的觉睡得香了，连队生脚气的病人也少了。

（张宁峰）

31．没有存款的"标兵"

在八连，没有存款也能成为"节约标兵"。

一班战士江成科自幼跟奶奶一起生活，是个靠政府和乡亲们接济长大的孤儿。入伍前，小江跟别人出海捕鱼，每月 400 多元的工钱除了日常所需，剩下的都捎给了奶奶，自己从不多花一分钱。

2003 年 3 月，江成科带着 600 元钱和三个月的津贴费，一共 1200 多元钱来到八连。看到连队每名战士都有自己的"小银行"，并且谁的存款越多就有可能被评为"节约标兵"，小江便把钱交给了司务长。日积月累，小江的卡上已有 2000 多元。

一天晚上，小江突然接到邻居的电话，说奶奶生病住进了医院，急需用钱。焦急的小江一晚无眠，自己卡上有 2000 多元，如果寄回去就没有存款了，不符合连队人人有存款的要求，可是再一想，奶奶生病急需用钱，小江左右为难。最后，他还是如实向连队干部汇报了奶奶生病急需用钱的事实，把自己的存款全部寄了回去。

在当月评选"节约标兵"时，没有存款的小江落选了。很多战士议论纷纷：节约的目的是倡导大家不乱花钱，不高消费，这种家里急需用钱是特事特办，节约关键看平时，评选节约标兵不能只看存款数额。年底，江成科被连队评为"节约标兵"。

八连评选节约标兵不再只看存钱数额，他们提倡的"日常消费花一点、文化学习用一点、孝敬父母寄一点、希望工程捐一点、自己备用存一点"的做法，让官兵对合理消费、高尚消费有了新的理解。

（张宁峰）

32. 亮 "丑"

"好八连的战士违纪被警备区通报了！"

2008 年 6 月，一条"新闻"在团里传开。

原来，八连战士王强到警备区机关送材料，因当时天气炎热，当他进入机关大院后觉得已经到了警备区机关，就随手把帽子脱了下来扇了扇风，结果被警备区的纠察看见并记录下来。

王强回来后向班长报告了此事，班长立即向连队干部进行了汇报。八连党支部专门就此展开讨论。

会上，有的干部骨干认为应该赶快找人向军务部门打声招呼把这件小事情护下来，如果警备区通报下来，连队的荣誉会受到影响。

但八连曾有过这样的教训。

2006 年 8 月，八连一名战士熄灯后溜到连队电脑房打游戏，被巡查的团机关干部发现。连队干部担心此事被通报丢丑，私下"摆平"了此事。为什么同样的事还会再次出现呢？这一现象，引起了八连干部的反思：官兵出现违规违纪问题靠护是护不住的，护"短"只能更短，亮"丑"才能变"美"。连队党支部统一了思想。

对此，连队有的官兵想不通，小王挨批评作检讨，怎么处理都不为过，但说啥也不能让八连在全警备区部队面前丢丑。

在警备区违纪通报下来之前，八连主动向团队作了深刻检讨，让问题在全团曝光。连队还就此专门召开了军人大会，责令王强作检讨。面对大家的疑虑，指导员黄森代表连队党支部说，"八连的荣誉不是靠照顾和拉关系得来的，而是一代代官兵用良好的行为铸就的，我们绝不能把'光环戴在战士头上，问题藏在干部心里'，护短只能自欺，亮丑才能自强。"

　　八连对这个问题的处理，震撼了全连官兵。通过教育引导，全连官兵人人都意识到隐瞒的背后就是隐患，只有常亮丑才能不出丑，常揭短才能使短变长。

　　从此，揭短亮丑成为八连班务会、连务会、支委会的一项内容，揭露矛盾解决问题求发展，成为连队的思维习惯和发展模式。

（丁绍学）

33．寻找"康师傅"

这天夜里 10 点，八班长朱瑞平捂着肚子，翻身下床上厕所。

刚到走廊，一股浓浓的泡面味飘进朱瑞平的鼻子。借着月光仔细一看，原来是本班的新战士傅强胜正躲在墙角吃方便面。

"哎！你怎么吃起泡面了？"听见班长的声音，小傅紧张地站了起来，没吃完的半桶面也打翻在地。

"班长，我刚下哨，肚子饿了。"小傅边抹嘴巴边解释。

"肚子饿了也不能坏了连队不吃零食的规定啊。"班长这么一说，小傅惭愧地低下了头。

朱瑞平和小傅的对话，恰巧被九班长张军民听到。"连队的传统怎么能破坏呢？这件事不能就这么算了！"张军民暗自寻思，一定要把"赃物"交到指导员那里。等到走廊里没了声音，张军民赶忙拍醒了班里的几名战士，开始了秘密行动，终于在一楼的垃圾桶里找到了"康师傅"。

"咚！咚！咚！"张军民敲开了指导员的房门。

指导员黄森听完张军民的汇报，不由陷入了沉思。曾几何时，八连恪守艰苦奋斗、勤俭节约的好传统，要求官兵不用高档的牙刷牙膏、不吃零食、不穿名牌衣服。而如今战士下哨后因为肚子饿了吃一桶泡面，却被作为违反连队优良传统的"典型"。时代变了，八连的战士成分也变了，吃碗方便面难道不是正当的需求吗？黄森看着眼前尴尬的"康师傅"，敏锐地意识到连队有些不合时宜的规定到了该改的时候了。

第二天晚上，全连点名。黄森微笑地拿出"康师傅"，引出了话题。"时代在发展，要让艰苦奋斗精神永远具有催人奋进的力量，发展是最好的继承和弘扬，而不是像'贡品'一样被人瞻仰。"随后，黄森宣布了连队党支部的研究决定：取消不准买营养品、不准用洗面奶、不准吃"肯德基"和"麦当劳"、家属来队不准在外就餐等老规定。

（孙　斌）

34．"小皇帝"的改变

水龙头哗啦啦地响，水接了满满一盆。新兵袁兴吉顾不上挽袖口，拿起衣服就往水里泡，还没等衣服完全浸湿，就用手指夹着衣领在水里转了几圈，匆匆地捞了出来，往晾衣架上一搭，便轻松地吹着口哨去了电脑房。

这一场景被远处的班长蒋海龙看在眼里，他苦笑着摇了摇头。

袁兴吉入伍前是家中三代单传的"独苗"，全家人对他百依百顺，自幼过着饭来张口、衣来伸手的生活。有时小袁玩电脑游戏正在兴头，饭菜都由保姆送到房间。入伍后，由于小袁自理能力和吃苦精神都很欠缺，碰到洗衣、叠被、洗碗等需要自己动手的事情，都是"低标准"。他的这种表现，也让很多战友看不习惯，甚至还有战友形象地描述他：洗衣只会动指头、叠被次次半钟头。

一次，小袁跟随连队为民服务班到番瓜弄上门为残疾人胡红根服务。一走进胡红根的家，大家扫地、洗衣服、晒被褥，忙得不亦乐乎。小袁却站在一旁，不知从何下手。一位老兵让他给胡红根洗脚，小袁满脸不高兴地说："在家里我都没有给爸爸妈妈洗过脚，有时爸爸妈妈还给我洗脚。要干你干吧。"

这时，班长蒋海龙端来一盆热水，麻利地给胡红根洗脚擦身，随后又把胡红根换下的衣服端到外面洗了起来。这一幕深深地印刻在小袁的脑海中。是啊，班长的家境也很富裕，生活条件也很优越，年龄就比自己大两岁，不仅能干好自己的事情，还能这样体贴入微地照顾他人，跟他比起来，自己的差距实在是太大了。

晚上，躺在床上的小袁辗转难眠：家人送自己来当兵，不就是希望自己得到锻炼吗？一个人连自己都"管"不了，还能为别人做什么呢？当兵就意味着奉献，在八连这样的好连队，不仅要"管"好自己，还要学会服务群众、关爱他人。

在战友们的帮助下，小袁变得勤快起来。不仅自己的衣袜洗得勤、内务整得有模有样，还能用空闲时间打扫公共卫生、到炊事班帮厨。

这一天，小袁跟着班里的战友又一次来到胡红根家里。只见他一会儿忙着拖地，一会儿收拾垃圾。打扫完卫生，小袁还端来一盆热水，一把一把仔细地替胡红根擦身子。

（孙　斌）

35．网络断线之后……

"这批电脑用了好几年了，是不是老化了？"

"好不容易盼个长假，可电脑却'死机'了！"

2007年"国庆节"长假第二天上午，八连正在进行电脑游戏联网比赛的20多台电脑突然"罢工"，重新启动后发现不能联网。"电脑高手"华亮亮主动前来解围，但找来找去也没发现问题的所在。

"要不请专业人员来修一下吧！"这一建议刚提出，就很快被否决："如果请专业人员来修，会不会丢了我们八连'营产营具坏了自己修'的好传统？"

这种说法得到部分战士的认同，但面对电脑"罢工"，大多数战士很无奈："我们虽然年年都开电脑培训班，但对电脑维修等硬件方面学得还不够。"

战士的议论很快在全连传开，连长、指导员因势利导，就在电脑房以"请专业人员上门维修电脑就是丢了连队传统吗？"为题，展开了一堂别开生面的讨论。

讨论中，有的官兵认为，请专业人员来维修，和保持连队传统关系不大；有的官兵认为，保持传统决不能开这个口子。公说公有理，婆说婆有理。讨论会陷入僵局。

"我们连队之所以能永葆本色，靠的是一茬茬官兵一脉相承的创新精神和不懈努力。"这时，指导员黄森亮出自己的观点："请专业人员来维修电脑与营产营具坏了自己动手修的做法并不矛盾。当初，司务长提出换自行车时有的同志也有顾虑，现在回过头来看，换了新车不仅没有丢了连队传统，反而还促进了官兵思想观念的更新和连队传统的继承。"

听了黄指导员的话，官兵们不由自主地鼓起掌来。吃完午饭，连队请来机关通信部门两名技术人员，对网络系统进行了检修调试。原来，长假期间使用网络的人数增加很多，网络拥堵造成路由器超负荷运转，如果没有专业的测试器，这种问题还是很难发现的。

20分钟后，两名技师就为连队更换了一台路由器，"罢工"的网络在3个小时后又开始运转了，电脑房里的官兵露出了会心的微笑。

（师世平）

36. "罗队长"修球场

"接球、运球、三步上篮，中了！"

在和警备区后勤部车队的篮球友谊赛中，连长张道广表现神勇，在平整的篮球场上往来纵横，接连投篮得分，张连长抹了一把遮住眼睑的汗水，高兴地说："我们能在这么好的场地上畅快地活动，多亏了我们的'施工队长'罗瑾啊。"

说起"施工队长"罗瑾，可是一个传奇人物。罗瑾是八连的七班长，入伍前在家乡的建筑公司是一名小负责人。夯基、垒砖、吊线样样精通，入伍到连队后也充分发挥特长为战友服务：疏通堵塞管道、修补破损围墙，连里的大小工程都有他的影子，他还带出了几个"徒弟"，成立了一个小"施工队"。

连队现在使用的篮球场，就是罗瑾带着"施工队"的战士们亲手打造的。八连驻扎在市区，营房内的一块篮球场，既是官兵课余运动场，也是全连官兵进行队列、体能等军事训练的一块宝地。由于篮球场年久失修，地面凹凸不平、坑坑洼洼，给训练造成了很大不便，战士小王打球，因为场地原因还扭伤了脚，在床上整整待了三个月。

2005年3月，一次连务会上，几名班长向连队党支部提出翻新篮球场的意见，连队干部细算了这么一笔账：请地方施工队连拆带建，材料费、工时费各项费用加起来造价近4万元。面对高昂的费用，支委"一班人"皱起了眉头。这时，"施工队长"罗瑾挺身而出，战士邓俊锁等也向支部"请战"，提议组建一支由8人组成的"战士施工队"。

2005年3月15日，篮球场翻新工程正式开工，钻头钻，锤子砸，铁锹铲……为了节约每一分钱，七班班长罗瑾带领战士们用石头、铁锤，把掀起的水泥混凝土块一一砸碎，将嵌在里面的石子从水泥中一点一点剥落下来，进行重复利用。"施工队"队员们白天忙训练，晚上加班加点干。8个人一人一把泥抹子，排成一线横散在数百平方米的篮球场上，一点一点地抹，一遍一遍地刷，为了赶在浇筑下去的水泥风干前抹到位，几名队员一刻不停，最晚一次抹到深夜十二点钟。仅用了5天时间，一块平整的水泥场地就完工了。整个工程仅耗资6000多元。附近施工的工人们看到后啧啧称奇道："这么短的时间，能加班赶出这样细致的工程真是了不起。"

（徐海滨）

37．回收箱

2008 年 8 月 12 日一大早，司务长张怡就从大卖场采购了 18 把拖布，并分发到各班。他兴奋地对大家说："这次买拖布的钱，都是我们回收箱里'生出来'的。"

在八连的底层楼梯拐角处，一个战士们自制的木质回收箱特别显眼。

这个回收箱被战士们亲切地称为"聚宝盆"，去年一年，八连战士从回收箱里"挖"出了 800 元的收益。但回收箱立在八连也引起过争议。很多战士认为，靠回收箱里的废旧物资去卖钱，真是太老土了，都什么年代了，八连战士还用得着做这样的事么？

很多年前，八连也有过回收箱，战士们把用完的牙膏皮投入其中，虽然卖不了几个钱，但倡导了一种精打细算过日子的好习惯。后来，回收箱离开了官兵们的视野。去年 3 月的一天，八连第 32 代木工箱传人张鹏发现共建单位送给连队的饮料在发给战士后，很多同志喝完就把瓶子直接扔到垃圾桶里了。

张鹏私下里想：现在环境污染比较严重，白色垃圾成为破坏自然的一大公害，国家都出台了"限塑令"，积极倡导人与自然的和谐共处。有的战友环保意识不强，用过的废旧电池、塑料包装袋和日常生活垃圾混杂在一起，统统扔进垃圾箱，有些物质对环境的破坏力很强。如果连队有一个回收箱，将不同类型的垃圾分别存放，既可以保护环境又可以为连队带来一定的经济收入，岂不是两全其美么！

说干就干。张鹏找来木板、铁钉，定制了一个 1 米多高的回收箱。这个回收箱共分三格，分别存放战士们用过的废旧电池、废弃塑料包装和金属包装罐。"回收箱"重新回到八连，又承载起了新的历史使命。它不仅培养了战士们精打细算过日子的好习惯，还唤醒了战士们保护环境的责任意识。

（徐海滨）

38．钱少学问大

　　"这个月我又存了100元……"八连新战士周黄河握着电话，兴高采烈地向父母报喜。

　　听着儿子的声音，周黄河的父母欣慰不已。

　　小周来自安徽黄山，入伍前曾在当地的一家效益不错的公司上班。年龄虽不大，收入却不菲，每月开销也很大，是典型的"月光族"。到了部队后，父母担心儿子到了大上海当兵，每月200多元的津贴会不够用，特意给他办了一张银行卡，定期给他汇钱。

　　小周来到八连后，对花钱和存钱有了新的认识，连队干部和身边战友都能讲出很多"好八连"勤俭节约的好传统。让小周印象最深的是，连队指导员黄森在连史馆里上的第一堂传统教育课：解放初期，八连官兵将一分钱掰成两半花，全连官兵每月的工资、津贴90%存入银行，零用钱每人每月平均只有5毛钱。现在经济条件大大改善，干部、士官工资大幅提升，人们的消费观念和以前也不一样。但无论条件怎样改变，勤俭节约的好传统不能丢。八连倡导战士在津贴费内消费、实现人人有存款的目的，不是让大家死盯着存款数额，重要的是把勤俭节约的好传统传承下去……

　　周黄河听了这堂教育课，羞愧地低下了头：八连官兵人人都有存款，而我却大手大脚地花钱，还让父母给自己汇钱，实在是太不应该了。回到班里后，小周对自己200元的津贴费"吝啬"地算了一笔账：每月津贴200元，除去购买日用品30元、兴趣学习书刊25元、电话卡30元、留其他零用15元，剩下的100元存入银行。

　　下定决心后，小周改掉了吃零食、买高档生活用品、乱打电话的不良习惯，严格按自己的理财计划执行。从新兵下连到现在，短短几个月时间小周就存了 600 多元。

当小周将自己到八连后学会节俭理财，将津贴存入银行的变化告诉家人后，父母连夸小周"懂事"了。

（滕金奎）

39. "警示帖"里出节约

　　走进八连营院，随处可见提醒官兵勤俭节约的小纸帖，这些小纸条汇聚在一起，成了"好八连"一道特殊的风景线。

　　随着时代发展，人民的生活水平普遍提高，消费层次也随之提升。然而，驻扎在大上海闹市区的八连官兵始终保持着艰苦奋斗的光荣传统。在洗漱间的墙壁上贴着："水是生命之源，珍惜水就是珍惜生命"、"请从节约一滴水做起，养成勤俭节约的好习惯"两行小字，时刻提醒着官兵节约用水；打印机上"每节约一张纸，希望小学就多一个练习本"的纸帖格外醒目；饭堂里"要知盘中餐，粒粒皆辛苦"；电话机旁"时间就是金钱，请珍惜分分秒秒"……随处可见的"警示帖"在八连有20多条，官兵们的行为在潜移默化中由被动变成习惯。

　　地方上比消费，比档次，八连的官兵们就比勤俭，比节约。战士们长期坚持衣服破了自己缝、鞋子裂了自己补、头发长了互相理、营产营具坏了自己修的"四个好做法"，官兵们还养成了"日常消费花一点、文化学习用一点、孝敬父母寄一点、希望工程捐一点、自己备用存一点"的"五个一点"好习惯。从2004年开始，连队把物质上的节俭延伸到节约时间、节约人力上，赋予了艰苦奋斗精神新的时代内涵。

（张宁峰）

40．网上对话

2007 年 3 月 9 日下午，相隔近百里的八连与海防某旅摩步一连依托军网，以"新时期如何继续保持和发扬艰苦奋斗优良传统"为主题，展开了网上"面对面"的视频交流。

"现在社会上有些人讲'金钱是万能的'、'有钱能使鬼推磨'，你们怎么看？"

"我们拿的是津贴费，相对而言工资也不算高，摸摸口袋，哪来的'金'可拜？"对话一开始，一连战士杨军、唐亮就纷纷向八连官兵抛出问题。

"我觉得'金钱万能'这一观点，是社会上一些'金钱至上'的人的错误言论。"好八连指导员黄森说："自从八连进驻上海的那天起，我们就把艰苦奋斗作为建连育人之魂。"

"每个人都需要钱，但衡量一个人价值的绝不是金钱，连队干部经常教育我们要做金钱的主人，不做金钱的奴隶。"八连战士周海的发言顿时让大家陷入思考。

"有句话说得好，你不理财，财不理你。作金钱的主人就是要学会合理消费。解放初期，我连 100% 的同志都把月收入的 90% 存入银行，就是在现在，我们连队官兵仍然享受着理财带来的快乐。"八连排长侯国成接过话茬。

正当双方热烈讨论交流时，屏幕上出现了一组画面：1949 年，八连带着战场的征尘奉命进驻繁华的南京路担任警卫执勤任务。当时，反动势力大量散发"香风"、"毒气"，妄想让八连官兵在南京路上"变质"，但八连官兵"拒腐蚀、永不沾"，身居闹市、一尘不染。

在视频对话窗口上，阵阵慷慨激昂且有独到见解的话语不时传出。

　　"现在出门打个车、下个馆子越来越普遍。那么我们周末假日请假外出，有时打个车或者到饭店改善一下生活，算不算享乐主义呢？"八连战士王德玉提问更加直接。

　　"我感到这个问题要辩证地看，如果官兵外出非的士不坐，非下馆子不吃，那就是享乐主义的表现。"镜头转切到一连指导员陈小炎："但是，因为时间紧迫，或确实需要打车，我认为这不算享乐主义，所以我们不要给官兵乱扣帽子。"

　　……

　　一个多小时的远程对话，澄清了两个连队官兵思想上的模糊点和是非点，官兵心头上的疑惑也云开雾散。八连新战士李兵指着记得密密麻麻的笔记本，自豪地说："通过这次对话，使我认清了当兵干什么、进步靠什么，我相信只有继续保持艰苦奋斗的优良传统，才能在新的历史时期实现更加雄伟的目标！"

（滕金奎）

72

第三部分：军事过硬篇

41．一场特殊的考核

这是一场特殊的考核。

2011 年 3 月，一纸命令，八连的训练任务从步兵专业转换为特战专业。

转换，意味着从熟悉转向陌生，从高点回到原点，一切从零开始。更难的是，特战专业 4 大类 16 个课目，个个都是难啃的"硬骨头"，加之没有现成的教材，没有精通专业的骨干，每一个课目，都要靠自己摸索。

越是困难，越要昂扬进取；越是艰苦，越要不懈奋斗。

党支部首先吹响攻坚克难的"集结号"。他们一边向团党委立下军令状：年底一定形成战斗力，一边立即组建"支委示范班"。白天，他们前往特种营"取经"，虚心向"老大哥"学习特战课目的训练技巧；晚上，加班加点研究特战理论。为练好"头开瓶"的硬功，连长刘金江的头多次被玻璃扎破，仍咬牙训练；指导员闫永祥为将难点课目"主绳上"练好，手上的水泡破了长、长了破，没叫一声苦。就这样，仅用了一个月时间，"支委示范班"就掌握了特战课目的基本动作要领，能为官兵进行示范演示了。

"艰难困苦不能成为无所作为的借口，专业不熟不能成为畏缩不前的理由。"官兵们也主动展开"集团冲锋"，每天自发提前 1 小时起床训练，坚持做 100 个俯卧撑、100 个仰卧起坐、100 个千斤棒等"六个100"；每周坚持组织一个过程特种作战演练；每月开展一次专业课目综合考评。

四班上等兵范有德有恐高症，平时上楼总是靠着墙走，就连从宿舍楼上朝下看脚都打颤。每次开展基础攀登训练，他就神色紧张，爬到离地面 3 米高时就不敢往上爬了。见自己老是拖连队的后腿，他把心一横，对班长孙连续说："帮我把眼睛蒙上，你指挥我向上攀登。"

4 米、5 米、7 米……经过一个月的蒙眼训练，加上心理医生的跟踪指导，范有德终于克服了恐高症，登上了 10 米的标准高度。后来，他的攀登成绩达到了 13 秒，位居全连第三。

90 后战士金宣宇，是家乡小有名气的"文艺青年"，吹起萨克斯来驾轻就熟，如行云流水。然而，由于体重达 100 公斤，搞起训练来经常洋相百出，5 公里考核总是当"尾巴"，单杠一个也拉不上去。"这样的身体素质，还想练就特战硬功？"不少战友向他投来怀疑的目光。

"只要肯奋斗，没有翻不过去的'火焰山'。"连队干部骨干没有放弃他，为他制定了瘦身、强能、达标训练计划，每天带着他摸爬滚打。

金宣宇自己也没有气馁，把吃苦当作"吃补"，每天比别人多训练 1 个小时，坚持早上和晚上各跑一次 5 公里。半年下来，他瘦了整整 25 公斤，同时实现了训练上的华丽"转身"。2011 年年底，他所有课目的考核成绩都达到优秀，被评为优秀士兵。

在八连的训练"宝典"里，不仅要把每个课目练精练强，更要时刻保持创优意识，永不满足，追求卓越，人人想第一、事事争第一、时时创第一。

（陆雄飞）

42. 一道疤痕

　　说起八连副连长周文杰，连队里无一人不竖大拇指，他是去年随着连队向特种训练任务转型，被调入连队作为训练骨干的，军事素质过硬的他对自己要求很严格，遇到任何事情总是冲在前面，从不叫苦叫累。在他身上还有一样特别的印记，那就是右小腿上的一道划痕。

　　2011年9月的外三灶风和日丽，团里组织的一次攀登考核如火如荼地进行着，为鼓舞全连士气，那时还是排长的周文杰主动要求第一个出场，他坚毅的神情很难让人看出他是重感冒刚好的人。身体还较虚弱的他勇敢地站了出来，身手依旧敏捷，动作依旧利索，三下五除二地爬到绳子顶端，所有人都不禁发出赞叹。转瞬间他又以"壁虎下"的方式顺绳子下落，眼看就快着陆，他却突然停顿了一下，表情异常痛苦，显然由于感冒的影响，今天的状态不算最好，但他还是咬牙坚持了下来，9秒58！如此优异的成绩全凭平时过硬的身体素质和超人的精神意志。

　　完成考核后，大家发现周文杰满裤腿都是血，掀开他裤腿一看，一道近三十公分的划痕血流不止，随即他被紧急送到医院处理伤口。受他的感染，考核中每一名战士都拼尽了全力。

　　带着优异的成绩回连队后，战士们在周文杰的床边围了一圈："排长，这团里的一次小考核你怎么这么拼命啊？"周文杰则坚定地说道："能来到八连是我的荣幸，我来这没有别的选择，只能尽我最大的力气做好每一件事。"

　　从此，那道划痕印在了周文杰的腿上，也成为了在好八连的一道光辉的印记。

（夏浩之）

43. 教员原来是新兵

"手放高点，马步扎稳点，出拳要有力度……"两名教练员正在指挥全连练习散打。2012年初，八连掀起了一阵"散打热"，两名教练员功不可没，现如今，散打成了八连的特色训练项目之一，每天早上都有一群人练习散打。

令人想不到的是，这两名小"教头"竟然都是新兵，别看他们年纪轻资历浅，来头可不小。其中一个叫李龙飞，曾在山东省散打比赛中获得冠军；另一个叫孙龙飞，在其武校比武中也获得过冠军。在连队里，他们这对冠军组合有一个响当当的名字——"双龙飞"。

记得刚进连队那会儿，"双龙飞"并不被人所关注，当他们展示了拳腿组合后，很多老兵还不是很"服气"，上等兵张荣荣就提出要和他们过过招，李龙飞爽快地答应了，上了比武场也丝毫不怯场，上来就是一个抱摔将老兵制服，还没缓过神来的张荣荣不能不服，从此，一招制"敌"的散打冠军成了全连偶像，连队官兵迅速掀起一股"散打热"。经过党支部的讨论，这项训练科目正式成为八连的常规训练项目，目的就是锻炼战士们的战斗精神，提高实战中的搏斗能力。

有了这两位冠军的悉心指导，八连官兵散打技能日益成熟。现在，八连经常在周末组织散打擂台赛，官兵们参与热情极高，竞赛十分激烈，擂主经常更替，两名新同志还当起了评委。这项活动，既能让官兵们放松心情，又能直接促进特战训练，在八连上下很受欢迎。

（夏浩之）

44. 特殊的示范班

侧踹、抱腿、抗摔⋯⋯2012年6月24日下午，操场中央，一个示范班的散打拳刚劲有力，气势威猛，博得全连官兵的阵阵掌声。走近一看，打拳的竟然都是连队的干部，原来这就是八连享有盛名的"支委示范班"。

2011年6月，八连转型不久，就遇到建制连特战专业比武对抗。可八连还处在一无教材、二无经验、三无骨干的尴尬境地，在专业方面可谓是"先天不足"。这可急坏了八连连长刘金江。他多次前往特种营"取经"，和指导员一起下工夫研究特战理论到深夜，补上了连队理论知识的空缺。为了在最短的时间里尽快把连队带上路，连队党支部一致决定成立"支委示范班"。顾名思义，连队训练计划上有了什么新的训练科目，他们都是提前学习、提前训练，为连队战士做示范。既然是示范，他们对自己的动作要求就得高，闫永祥指导员为了将难点科目"主绳上"练好，加班加点地训练，一有空余时间就去琢磨攀登方法，手上都磨出了不少血泡；刘连长的五公里跑是"短板"，在操场上经常看到他被几名战士轮流拉着跑。"火车跑得快，全靠车头带"，他们的训练态度大大激励着全连官兵。

六班上等兵吴强强很受教育："连长、指导员完全可以比我们轻松点的，但他们在训练中从不考虑自己的资历和年龄，从不放松对自己的要求，他们都这样了，我们没有任何理由不刻苦训练。"

（夏浩之）

45．运动会的奇迹

　　2011 年的秋季运动会中，每个参赛运动员都憋足了一口气，赛场内外到处弥漫着紧张而热烈的气氛。400 米障碍的跑道格外引人注目，在新兵对抗组中，八连三班战士余凯主动请缨，要为连队争得荣誉。

　　比赛开始了，余凯顺利跑过前两个障碍，在跨越矮墙时，也许是有些紧张，或是有些着急，后腿不慎绊到了墙角，一个趔趄差点摔倒，但他并未受到影响，顺利踏上高板登上云梯，能在出现小失误的情况下及时调整过来全凭平时刻苦训练。奔着第一去的余凯眼看要追上前面的选手了，可是在钻低网时又出现了小情况，由于频率过快，脚下打滑，所有人都为他捏了把汗，但他没有选择放弃，而是继续向前，最后 200 米，他如离弦之箭，奋起直追，在八连所有人的呐喊声中冲过终点，1 分 49 秒！他以微弱的优势逆转夺魁，也创造了跌倒两次还能拿第一的八连奇迹！

　　刚入伍时的余凯，在家就缺乏体育锻炼，身体素质比较差，在众多新兵中落在了最后面，通过军营大环境的熏陶，使他在思想上得到了迅速转变，他开始以八连人为傲。训练场上，别人跑 5 公里，他坚持要比别人多 2 公里，将"要我练"变成了"我要练"，日复一日，年复一年，通过自己的坚持和刻苦训练，体能素质有了大幅度提高，成为连队中进步最快的一名新兵，这次的运动会奇迹夺魁就是对他的最好回报。

　　　　　　　　　　　　　　　　　　　　（夏浩之）

46．开瓶97次

　　入伍的时候背着萨克斯，可以说是心宽体胖，再看现在的他——笑容还是那么的憨厚，但是与入伍时相比他确实瘦了很多。虽然他在音乐方面很有点天分，但是的确很难让人把他和硬气功联系在一起，这人就是八连战士金宣宇。

　　"我也曾担心过，自己的身体素质能不能跟上连队的节奏。"在家里，他是父母手中"珍宝"，像温室里的花朵。小金的新兵连班长刘道锦曾说："金宣宇刚到新兵连的时候，我真为他担心，怕他训练拖后腿，但是后来我发现自己的担心是多余的。"

　　2011 年正值八连特种转型，连队要成立三支专业的特种队伍，硬气功就是其中一支，一开始，金宣宇也曾犹豫过，但在第一次看其他的兄弟们开瓶，有的甚至开出了血后，他突然觉得，这不仅仅是自己的事，连队的其他兄弟都搞成这样了，难道自己还能袖手旁观？于是，经过激烈的思想斗争，他自己要求参加了硬气功队，为了能够更好地掌握硬气功的入门技巧，小金和硬气功队其他队员一样每天坚持提前 40 分钟起床，从头顶墙的训练开始，增加自己的头皮硬度，他在训练中很刻苦，每次顶墙的角度都比其他人大一点，但这也让他的头皮适应不了这种压力而流起了脓，班长带他去卫生队消毒，涂了红药水。可是，没过几天，伤都没全好，金宣宇又偷偷练起了硬气功。

　　八连指导员黄森看到了这一幕，一次教育课上，黄指导员动情地说："从这名新同志的表现，我可以看出全连官兵对特种转型训练任务的敢于打拼、敢于吃苦的精神，有了这股劲，我们八连没有完成不了的任务。"

　　好钢需要火锻造，在金宣宇的刻苦努力下，他终于熟练地掌握了"头开瓶"这一技能。到 2012 年年初，他总共开了 97 个瓶子无一失误，还记得有一次汇报表演时，金宣宇自豪地说道："马上就要开满 100 个瓶子了！"一个战友听到了就在旁边打趣："听到开瓶你比听到休息还来劲。"对了，战友们私底下还给金宣宇起了一个"大头"的外号。

（夏浩之）

47．"六冠王"缘何梦破

2006 年 11 月，八连参加团里组织的一年一度军事考核比武。谁也没有想到，这次比武八连竟然滑落到全团第四。一个连续 5 年夺冠的连队，一下子掉到"第二阵营"，八连官兵感到十分窝囊。

回到连队后，战士们情绪低落。晚饭时，许多战士都把小值日打好的饭往回倒，连长张道广和指导员黄森随便扒了几口饭，就召集班长骨干去了会议室。

沉默，沉默，还是沉默。会议室里大家低头不语，但心里都不约而同地想到了一个人。

"都是因为连队喂偏食，把魏刚喂胖了，魏刚一走，连队就稀里哗啦了！"六班长廖志勇一通牢骚，打破了沉默。魏刚是八连原一班长，被誉为八连的"训练王牌"，外号"比武专业户"。2005 年，魏刚在团和警备区组织的比武中拿到 4 个单项第一，1 个单项第二，3 个单项第三，一年两度立功。2006 年 7 月，魏刚作为提干对象被保送入学。魏刚一走，八连的"六冠王"梦想随之破灭。

一个人影响了整个连队的训练成绩。大家如梦初醒。

"一年多来，连队把比武夺冠作为训练重点，使偏劲、喂偏食，没有处理好点与面协调发展的关系，造成连队整体训练滑坡。""连队眼中只有尖子的比武夺冠，放松了全连人员训练成绩的提高。""喂偏食造成比武有尖子，却削弱了连队战斗力。"……

问题越挖越深刻，对策越谈越对路。"提高连队整体训练水平，必须坚持科学发展思路，统筹兼顾推动训练水平全面提高。""必须强化质量效益意识，因人而异、因班而异、因排而异，有针对性地组训施训，提高每一名战斗员的能力。"在科学发展观的"宝典"中，八连渐渐寻得妙计。

　　一个人人过得硬、个个钻比武的训练氛围很快在八连形成。全连官兵强带弱、班带班，共结对子、互帮互助，全连整体训练水平一年后便再次跃入全团先进行列，并涌现出一大批训练尖子。两年多来，八连先后有14人次在上级考核竞赛中获得冠军，7人获得"一级神枪手"称号，50多人被评为军事训练标兵。

（戴升平）

48．快了2分钟

"李旭，枪号02030953，出库时间8时零3分7秒。""95式冲锋枪XX支，40火箭筒X具，狙击步枪X支……"2007年4月30日，八连文书徐才峰轻轻点击联通兵器库的武器装备管理系统信息网络，电脑荧屏上一一显示出连队武器装备的相关信息数据，这套系统的投入使用，使一次紧急拉动武器出库时间由原来的X分钟缩短到现在的X分钟，整整快了2分钟。

连长张道广高兴地说："现在足不出户，就能通过系统对连队兵器室进行实时监管。"

平时训练，武器装备出入库按规定需要逐个人员、逐个枪支进行登记核对，这样不仅耗时间，而且容易登记错误，造成武器装备管理混乱；战时演练或执行任务，争取时间就是争取胜利，如果武器装备出入库逐一登记核对用时过长，就可能贻误战机。

为使武器装备管理科学化、智能化、实战化，八连二排长张有振决定改变这一现状，他按照武器装备"全系统、全寿命、全过程"责任管理要求，立足自我创新，翻阅了《数据结构》、《Visual C++程序开发与设计》、《Delphi 6程序设计导学》等近50本书籍，积累了近4万字科研心得。他积极走访上海同济大学、复旦大学、交通大学等高等学府的专家教授帮助解决技术难题，邀请上海科学技术委员会、国家信息安全工程技术研究中心的高级工程师一起参加攻关研讨。在资金短缺的情况下，张排长还积极争取驻地科学技术委员会的支持，经过8个多月的反复攻关实践，从理论构想到探讨论证，从图纸设计到实验操作，从条形码扫描技术到无线电子标签技术，张有振最终成功开发出"基层分队武器装备管理系统"。

　　这项系统采用先进的无线电子标签技术，具有信息录入管理、枪支出入管理、枪支信息查询、应急预案和系统管理五项功能，包括装备编制责任登记、枪支技术状况管理、周保养登记和装备检查登记、枪支信息查询、应急情况处理等 10 个子功能，还可将个人所属武器装备、对应编号、责任人、枪支战技术性能、保养情况、检查情况等基本内容转化为数据化信息存储备份。

（丁绍学）

49. "借力"打造信息化连队

"孟教授，为什么 F-117A 隐形战斗机具有隐形功能？""王研究员，什么叫做空间武器？它是如何分类的？"2012 年 5 月 13 日下午，八连学习室里人头攒动、格外热闹，官兵们与中科院上海微系统与信息技术研究所的专家教授们展开了一场别开生面的科普知识对话。

八连官兵们非常珍惜与专家教授面对面交流的机会，为了让教授们在有限的时间里能尽可能多地解答官兵们关注的问题，他们专门成立了一个疑难问题收集整理小组，汇总整理连队官兵的各种问题。短短的 4 个小时，专家教授们给官兵讲授了《现代科技对军队现代化的影响》《透视新概念武器》等科普知识课，并分析研究了现代战争中各种神奇的武器，像纳米武器、仿生武器等新一代尖端武器的科技原理和战斗效能。

这是八连深入贯彻科学发展观、推进信息化建设的一个缩影。为了满足官兵们对科技新知识的渴求，连队每年都要从上海市有关部门邀请全国知名的专家教授，给官兵们讲授一些与部队信息化建设密切相关的科技知识，来武装官兵头脑。从河北大学入伍的新战士杨雷听完讲座后说："以前我总觉得高科技武器挺神秘的，现在明白了原理，反而觉得它们没有我想象中那么可怕了，只要全连官兵一起努力，反复学习和实践，连队信息化不会是梦想！"

（王 骞）

50．倒在终点之后

"这下叶涛火了！"

2007年5月，八连参加警备区建制连对抗比武。班长叶涛为了连队荣誉，隐瞒小腿拉伤的事实，咬牙坚持参加五公里。就在离终点还有5米处，叶涛由于疼痛难忍，突然栽倒在地，手臂、腿脚蹭破了一大片，鲜血直流。"不好！"大家争先恐后地将叶涛从赛场上抬了下来，飞奔送到卫生队。

一些战士猜想着英雄的礼遇。可是，一天过去了，连队没有反应；两天过去了，连队还是没有反应。正当大家丈二和尚摸不着头脑的时候，谁知，连队一反常态，不仅没有像以往那样表扬叶涛，还让开班务会讨论：从叶涛倒下，看战斗力建设如何持续发展。

"带伤训练比赛不符合科学发展观。培育过硬作风必须与关心战士身心健康统一起来，不讲科学追求眼前利益，必会损害连队建设长远利益。"一石激起千层浪。"对啊！像叶班长得了膝盖积水，当时要是不及时治疗坚持比赛，肯定就会对膝关节造成永久性伤害。那后果真不敢想象。""2005年，我们虽然在团比武中取得了团体第一的佳绩，但那年退伍的战士中因带伤比赛，有7名是带着伤病回家的。"……渐渐地，大家形成共识：战士就是战斗员，关心战士就是关心战斗力。

官兵们的脑子洗了一把"热水澡"。借助科学发展的"春风"，八连不再提倡战士"轻伤不下火线"的做法。他们将"小药箱"配发到班排，里面有红花油、创可贴等外用药；连队在战术训练的期间，允许战士戴上"护肘"、"护膝"；饭前睡前小练兵因影响战士正常饮食睡眠伤身体而及时被叫停……一系列保护措施让战士们不再担心擦碰受伤，练兵热情不减，训练成绩直蹿。

"以人为本，看来不是一句大口号。"八连战士感慨：科学发展观，感觉真亲切。

（戴升平）

51. 不做"瘸腿"标兵

"嘴上功夫有一套，脚下力量差一截。"这是一些战友对副班长杨勇的评价。杨勇是连队的理论学习骨干，对理论学习孜孜不倦，连队几次组织理论知识考核，他次次名列榜首。杨勇逢人就讲，自己要当一名有文化有知识的军人。

可是连队人人都知道，杨勇有"短板"，训练成绩常常挂"红灯"，特别是赛跑，他感到赛跑就是无聊的重复运动，超级无味，于是碰到赛跑之类的训练，他常常借口"脚上长鸡眼、肚子不舒服"等溜边。一次，连队组织五公里越野班排对抗赛，班长让他拿出精气神，可他却嘀咕道："连队早实现摩托化了，干吗还要一天两趟死'抠'秒数？人跑得再快，还能跑过车子吗？"

"社会发展需要全面协调可持续，浓缩到个人的成长进步也同样需要全面协调可持续，一个人取得的成就决定于他最短的一块'短板'。"排长陈晶平私下里找小杨谈心。

"这个社会就得张扬个性，而军营更需要有特点的战士。"杨勇据理力争。

"军营当然需要有特点的战士，也允许张扬个性，但特点必须服务集体，个性也得融入共性，只有更好地发扬优点，克服缺点，才符合科学发展观的要求。"从此，陈晶平"盯"上了杨勇，经常拉着他谈心，每次训练都跟他结成对子，每次武装越野跑都给他扛枪。一次，陈晶平为给小杨加油，不小心摔倒在地，腿划了一道口子，血流不止。

小杨赶忙将排长扶起来。陈晶平却谈笑风生，转而一指伤口："搞训练和学理论好比两条腿，如果一条腿伤了，另一条腿也使不上劲啊！"

小杨惭愧难当。

小杨回头琢磨开来：是啊，长跑训练，除了练体能，还有练毅力、磨意志的目的。一个战士，没有强健的体魄，能打什么仗？没有顽强的战斗作风，又能成什么事？

一剂猛药点醒了杨勇，满腹哲理的他变得勇猛起来。平时训练，他不再吝啬汗水；比武考核，他也不再往别人身后躲。年底，团运动会上，杨勇夺得10公里长跑第2名，为连队争得了荣誉。

（丁绍学、戴升平）

52．智擒"拦路虎"

95 式自动步枪配发八连后，没想到第一次体验射击，全连官兵的射击优秀率就下降了 13 个百分点。

盼星星盼月亮盼来的新装备，却成为训练场上的一只"拦路虎"。

原来，95 枪族在瞄准方法上改变了以往三点一线的瞄准模式，采用准星觇孔瞄准。由于瞄准方法的改变，许多战士一下子摸不准瞄准要领，连一些"神枪手"也没了底气："原来使用的 81 式自动步枪瞄准时都有辅助检查，要是 95 式步枪也有这样的仪器就好了。"一名战士的话引起了大家的共鸣。在连队党支部的议训会上，"一班人"很快达成工作方法：成立由连长张道广和排长侯国成、陈晶平等 5 人组成的攻关小组。

他们首先来到上海市专业射击队请教，当得知一套系统硬件设备需好几万元后，还是决定立足自身解决问题。一天，张连长在一本军事杂志上看到，某型手枪瞄靶分析仪是由上海亿湾特科技公司研发的，他立即前往这家公司，在专业人员的支持下，他和专家们一起从图纸设计到实际操作，从框架结构到细小环节，初步达成了开发意向。之后，张连长回安徽老家休假，途经南京时，突然想到南京陆军指挥学院有位教授在这方面很有研究，便毅然决定下车，结果 10 天假期他在学院待了 8 天。

就这样，经过 5 个多月的努力，"瞄靶轨迹分析仪"终于诞生了。这套系统以电脑为主体，在枪上安装激光发射器，通过试靶器对激光波形、轨迹数据分析，可以看出击发前后 5 分钟的射击情况，并且能很直观地得出武器状态和射击情况，通过定人定物的仔细观察，可以在非实弹性的训练中检验出射手的真实射击水平。

这套仪器在八连使用后，官兵射击训练成绩大幅提升，2007 年 6 月，在警备区组织的建制步兵连对抗比武中，八连拿到了精度射击和应用射击两项团体第一。目前，这套系统已在全团推广应用。

（戴升平）

53. 借"梯"攀高

　　八连被誉为艰苦奋斗的"好八连",静安消防中队被当地百姓称为生命的"守护神",两支分队同在愚园路,相隔仅百米,同为光荣的连队,却很少来往。

　　一天,八连官兵跑操经过消防中队门前,连长张道广远远看到消防兵们在攀登楼前训练,羡慕不已:近年来,在我军大力提高执行多样化军事任务能力的大背景下,八连的训练课目不断增加,前不久,上级刚赋予八连攀登训练课目试点,连队正为没有攀登楼、没有悬梯、没有爬绳训练而发愁,没想到消防中队拥有这么好的训练设施。

　　借"梯"训练,张连长主动找到消防中队"攀亲",没想到一拍即合,消防中队也早有参观八连荣誉馆、学习好八连,借助八连传统资源教育官兵的心愿。很快,八连就与静安消防中队结成对子。

　　这天,八连官兵列队来到消防中队训练场。从未练过攀登课目的八连官兵,看着五层楼高的攀登楼,一些官兵不禁紧张起来。给八连做示范的消防中队官兵从如何消除恐高心理入手,结合自身体会传授经验,八连官兵更是听得仔细认真。看着消防兵敏捷的身手,八连官兵从手与脚的协同,到身体重心的掌握,一步一动虚心请教,使连队攀登课目的成绩在较短时间有了明显提高。三班长左辉经过半个月的训练,攀爬20多米高楼,18秒便到达了楼顶,让消防中队的教员们都赞叹不已。

　　如今,八连官兵与静安消防中队不仅在攀登训练中互帮互助,而且合作扩大到了其他训练领域,两支分队训练成绩齐头并进。

　　　　　　　　　　　　　　　　　　　　　　　　　　(戴升平)

54．王老板探营

"我让你到部队锻炼，不是叫你去烧饭当伙头军，真丢人！你什么都别说，我找关系把你调走……"

炊事班战士王锦忠的父亲，在家乡拥有当地最大的运输公司，固定资产上千万。和别人说起儿子在"好八连"当兵，老王一脸骄傲。这天，他兴奋地拉上几位朋友，不远千里开车来看儿子。没想到儿子却穿着炊事服、掂着菜勺出现在老王面前，王老板觉得自己在朋友面前丢了人。

其实，进炊事班并非易事。在八连，进炊事班的战士必须军事素质过硬，王锦忠是被"挑"进来的。

好八连的"好"是全面的，而不是单一的。为了提高连队整体训练水平，连队炊事班选配战士必须具备军事过硬和吃苦耐劳的素质，为炊事班科学制定训练计划，妥善安排值班和训练，利用晚上给炊事班开体能训练"小灶"。连队干部这么一解释，老王脸上又见笑容。

第三天，恰逢团里组织炊事专业比武考核。王锦忠的父亲拽住同行的几位朋友，留下来看看儿子的"比赛"。比武场上，八连炊事兵个个像"小老虎"，连续夺下刀功、烹饪、面点制作等5个专业第一；在军事项目上，王锦忠取得400米障碍第一名，手榴弹投远第三名……

看到儿子的表现，老王乐得合不拢嘴。

八连把战斗岗位当作砺石，把战士培养成武才、精兵。他们的"育才规划"得到了战士的响应，也激励着战士们奋勇争先。5年来，在各类比武考核中，八连有68人次获得名次，21人获得"一级神枪手"，128人被评为军事训练标兵。

（张宁峰）

55. 小秀才"爆冷"

"杜江加油"、"杜江加油！"

2008年11月25日，八连所在团参加的双杠练习比武过程中，八连文书杜江成了赛场的焦点。

"89、90、91……、102！"

整整102个臂屈伸，杜江这名名不见经传的新兵，成了一匹黑马，战胜了多路好手，一举夺得团双杠类比武冠军。

正当大家纷纷传播这一"冷门"消息时，八连连长张道广却毫不惊讶地说："小杜夺冠是顺理成章的事。"

杜江是高中毕业后参军的，当初高考因为生病原本成绩优秀的他与大学失之交臂。一入新兵连，杜江的文学特长就显现了出来，诗歌朗诵、新兵征文，到处活跃着他的影子，一时间"小秀才"的雅号不胫而走。小杜也渐渐有了"习惯"——参加自己喜欢的文体活动、板报评比等活动的积极性越来越高，参加体能、器械等训练却无精打采。

新兵下连后，小杜一心想发挥自己的特长，但事与愿违，在接下来的考核中，他的训练成绩接连被亮"红牌"，有的课目甚至还拖了班里的后腿。

对此，小杜情绪一度十分低落。这时，指导员黄森及时找小杜谈心，跟他讲了万丈高楼平地起的道理，只有做好应该做的事，才能做好自己想做的事。

从那时起，杜江变了。五公里别人空身跑，他主动加两个沙袋，单双杠别人做20个，他做30个40个。渐渐地，杜江的训练综合排名挤到了连队的前列，由于有文体特长，还被连队调到连部当文书。

　　付出总会有回报，杜江用 102 个双杠臂屈伸，让自己的名字在全团官兵面前响当当。

　　　　　　　　　　　　　　　　（徐海滨）

56．一面大旗"两面红"

举着连旗去服务，扛着连旗争第一。在八连，凝聚着一股力量，那就是盯着"中心"谋发展，紧抓训练求打赢。

连旗招展，为民服务几十年。

红旗猎猎，训练场上论英雄。

八连每年要用两个月时间，开展为民服务活动、支援地方重点工程建设和完成其他应急任务。对他们来说，盯住"中心"并不容易。

2007年11月初，八连受领了"上海世博工程"的劳动任务。刚从野外驻训回来不久的八连官兵，未等洗去征尘，便投入到劳动当中，因为连续作战，官兵们普遍感到比较疲劳。

援建结束后，八连的"病号"突然多了起来。

训练场上，向来有"拼命三郎"之称的战士小王也来请"病假"，指导员黄森笑呵呵地给他倒了杯水，一番思想"诊脉"后，摸清了"病因"。原来，由于连续参加援建任务，小王感到比较疲惫，就想利用训练日找个借口，"调整"一下身心。

这一现象，引起八连党支部警惕。

"支援地方工程建设，是八连的一个传统，但军事训练是连队的中心工作。八连既要在工地上展示风采，更要在训练场上奋勇当先。"

"连队是为打仗而存在的，训练滑坡，不仅不配当典型，更不能有效履行使命任务！"

"训练场，就是八连科学发展的主战场！"

使命教育课上，党支部的一记记"重槌"，响彻官兵耳畔。

为民服务这面红旗要扛，军事训练这个第一也要争！八连没有扛不动的红旗，更没有攻不下的山头！

训练场上，八连的"士兵突击"迅疾展开。

"节约一分钟，不做无用功"，八连向每个课时要效益。全连 80 多名官兵，建立了训练量化表，细化到每个课目、每个课时、每个阶段。他们将特种手语、战场救护等简单课目简单训，达标后将节余时间用到战术、射击等重点课目。

官兵们穿着沙袋背心跑五公里，跑一次速度提高一次；扛着圆木练体能，练一组力量增强一成。他们每月组织一次小比武，评选训练标兵时，既横比训练成绩，更纵看个人进步幅度，官兵训练热情持续高涨。

（徐海滨）

57. 比出来的名额

"李旭要去参加军区的猎人集训了！"2008 年 4 月 30 日，一条喜讯在八连传开。李旭的"入场券"来之不易。

军区的"猎人"集训对象主要是侦察兵，集训的主要课目包括车辆特种驾驶、攀登、特种射击、战场救护等，全是侦察兵的训练课目。近两年来，团里都是从侦察分队挑选精兵强将参加这个集训。作为步兵分队的八连，平时几乎没有涉及这些课目，所以挑选集训苗子也没有把八连官兵列入候选对象。

4 月中旬，团里开始挑选集训骨干。听到消息后，八连的几位训练尖子找到连长张道广说，"凭什么不给我们提供一次机会，让我们去试试？"张连长清楚八连的训练水平，也知道眼前几位尖子的综合实力，更知道一个"猎人"对连队训练的牵引和带动作用。

近一个时期，八连受领了"奥运安保"备勤任务，一些特种作战课目训练相继在连队展开。然而，由于八连目前还没有特种作战的训练骨干，不得不从团侦察连请"猎人"来当教员。

为了争取一个集训名额，八连党支部向团党委汇报并提出了参加"猎人"选拔的请求，得到批准后，八连挑选了李旭等 3 名训练尖子精心准备，最终选出李旭代表八连参加团比武选拔。通过 15 公里武装越野、特种射击、应用攀登等近 10 个课目的激烈角逐，李旭一路过关斩将，最终以过硬的成绩成为上海警备区 9 名参加军区"猎人"集训的学员之一。

李旭不负众望，经过四个多月的严格训练，在军区的"猎人"集训中以优异成绩获得了"猎人"证书。

（范方河）

58．练就打赢"多面手"

"呜——！"2008年8月6日，子夜十一点，一道刺耳的警报声划破长空，惊醒了正酣睡的八连官兵。

穿鞋、取盾牌、开兵器室……一切都在黑夜中忙而不乱地展开。

20秒后，连长张道广带领16名身穿迷彩短裤T恤的战士，手持警棍、盾牌、铁锹等冷兵器，冲到了营院大门口，摆开防护形阵势，控制"突发事态"；1分40秒后，指导员黄森带领4名头戴凯芙拉头盔、身着迷彩服、荷枪实弹的战士随即赶到增援；与此同时，副连长陈晶平已集合余下两个排的战士，按应急预案携带防暴器材，在营院规定地点集结完毕，待命支援。

这是一位将军检查八连"奥运"安保备勤情况的一幕。八连官兵迅疾的行动令将军不住叫好。张连长则感言，连队刚外训回来，能反应如此迅速到位，都源于连队平时狠抓执行多样化非军事任务能力的锤炼。近年来，八连针对连队单独驻防在闹市区的情况，细化制定了14个方面的应急处突预案。

透过厚厚的预案计划本可以发现，他们注重针对反特反恐等城市防卫作战、处突维稳等多样化军事任务，开展各类训练。防暴训练，既练警棍术、盾棍术等包括有数十招动作的单兵防暴课目，又练楔形、三角形、横队、纵队等十余种防暴队形，并按班、排、连逐级合成；警卫训练，他们结合担负的机关大院、油库等3个重点目标的警卫、防暴、消防等防卫任务，完善了8个应急行动方案，每个防卫目标地点都制定了《应急出动方案》、《防暴方案》等两套方案；实战演练，每天都随机选择一至两套方案进行应急训练，确保每名官兵熟悉程序，每名干部骨干掌握应急指挥方法。

　　经过系列训练，八连官兵练就了打赢"多面手"，在特奥执勤、抗雪救灾、防台抗汛等特殊战场上，都交出了合格答卷。

（戴升平）

59．冠军的背后

"八连，群体竞赛项目396分，军事体育竞赛项目224分，军官项目100分，总分710分，获得团体总分第一名……"

2008年11月20日，经过5天的激烈角逐，八连在团举行的运动会和岗位练兵比武中，以超过第二名192分的绝对优势，夺得桂冠。

成绩背后是汗水。"不拿第一，愧对八连！""我们不拿第一，就对不起'军事好，如霹雳'的赞誉！""王班长说得对。俗话说战场无亚军，我们不拿第一，愧对八连！"

……

"连队手榴弹投远是弱项，我们从年初就要注重加强训练。"

"钱科俊是国家二级运动员，建议他多带几个徒弟，瞄住难度大的课目训。"

2008年开训后，八连饭堂变成了热闹的讨论会现场。大家你一言我一语，纷纷为训练支招。

岗位练兵活动展开后，八连干部既当组训者又当参考者，坚持新理论先学一步、新课目先练一套、新技能先训一招，主动与战士比态度、比干劲、比作风，从而促进连队理论、指挥、智能、技能和体能的整体提高，带动连队全面训练。连队通过抓尖子、练弱项、训整体，采取突出项目突出练、偏弱项目加强练的办法，带动整体训练提高，达到群体无弱项的目标。他们有针对性地制订训练标准，为每位官兵"量身定做"训练方案和步骤，确保官兵在岗位练兵中"吃得饱、消化好"。针对训练场地有限的实际情况，连队利用模拟训练器材进行训练开展训练，使投弹、掷铅球等多个课目训练得到有效提高。

2008年比武，八连一亮相就赢得了"开门红"：连长张道广参加军事组比武取得第一名，指导员黄森参加政工组考核取得第一名，14个项目中八连取得 3 个第一，8 个第二，总分名列榜首。

"这次我能取得第一名，得益于连队科学的组训方法，官兵们人人训、人人练，消灭了短板和弱项，从而使点上开花演变成面上结果。"连长张道广激动地说道。

（师世平）

60. 标兵连长

"咱们连长是冠军！"考核刚结束，八连战士就奔走相告这个好消息。2008年11月，八连连长张道广在全团岗位练兵比武考核中，理论考核、编写战斗教案、口述战斗命令、手枪分解结合四个课目全部优秀，以总分第一名获得"连长标兵"。

优异成绩的背后是张道广付出的辛勤汗水。2008年开训前，张道广就在思考提升训练成绩的方法："军事好，如霹雳"一直是连队的优良传统，在狠抓训练质量效益的同时，要为连队注入精神动力，"火车跑得快全靠车头带"，从严训练首先要以身作则。

不久，连队到外三灶驻训，张道广为连队和自己都订下了严格的训练计划。他每天都是第一个起床，带着战士跑5公里、练俯卧撑，增强体能素质；利用训练间隙，召集全连干部研究战术、战法；每周都根据连队任务编写战斗教案。回到连队后，针对没有训练场地的实际，他主动联系周边学校和体育场馆，在公园树林里练战术、在建筑空地上练瞄靶、到附近的消防中队练特种课目……一段时间后，不仅全连训练成绩大幅度提升，连队干部的军事素质也更加全面。

经过近一年的刻苦训练，在这次军事运动会上，连长张道广交出了一份优秀的答卷。

（孙　斌）

61. "拖"出来的素质

"最后一名，25分钟！"

这是一个尴尬的数字，也是一个尴尬的场面。

2006年3月，八连指导员黄森从团机关组织股来到八连走马上任的第二天，营里组织五公里武装越野摸底考核。才跑了三分之一的路程，军事素质较弱的黄森就被八连官兵远远甩到了最后。当两名班长用背包带拖着黄森到达终点时，时间定格在25分钟。

八连考核成绩最后一名。这次摸底，让黄森在全营官兵面前现了老底。原来，长期在机关任职的黄森，军事素质很一般。

"八连指导员竟然跑了最后一名！"

少数官兵在背后议论，让黄森十分羞愧：我可是好八连的指导员啊，怎么能给连队拖后腿呢？

这次考核让黄森明白了一个道理：在基层要靠素质说话。

黄森开始勤学苦练：每天2个五公里、200个仰卧起坐、500个俯卧撑，和5名素质过硬的班长结成对子，专门进行射击、障碍、武装越野、投弹、战术等5个专项训练。

训练场上，黄森卖力得像个新兵。

在单杠训练场上，黄森一米八的个头，抓住杠脚还能站在地上。为了增强训练效果，黄森把单杠下的沙坑挖深，并把自己绑在单杠上练端腹。深夜、清晨、中午，当战士们都在休息的时候，黄森还拼命地在训练场上追赶。

黄森上学时就有关节炎，每次跑完五公里他都要用冰袋冷敷来减轻疼痛。大冬天里，黄森被冰袋敷得直咧嘴，两个膝盖上留下了两个褪不掉的红印。一个冬夜十一点多，连部通信员刘沛桦发现，黄森竟然敷着冰袋睡着了。

半年后，黄森开始脱胎换骨。

2006年底，参加警备区组织的基层分队军官考核，黄森5公里跑创造了18分18秒的好成绩，总评优秀。

2007年6月，黄森和连队一起参加了警备区建制连对抗比武8个课目的考核，结果拿到了五公里武装越野、精度射击、应用射击等5个课目的第一。

军事过硬才能底气十足。

练兵场上，黄森是连队爆破、伪装、格斗基本功等5个课目的组训示范员。一次，黄森在组织格斗基本功训练时，不少第一次参加特种课目训练的新战士不敢前扑。黄森边讲解动作要领边做示范，随着"啪"的一声响，黄森干脆利落地来了一个前扑。在黄指导员的示范下，新战士们的心理顾虑消除了。

2008年11月，在团里组织的指导员岗位练兵比武考核中，黄森拿到综合第一的好成绩。但黄森还不满足，他说："我是八连指导员，我的标准要比谁都高，这样才能不辜负连队战士的期望！"

（丁绍学）

62．日夺三金

右手开保险，左手顺势拉枪机，右手食指击发验枪，左手拇指再拨开弹匣卡栓，右手捏住卡栓顺势拔出……

2008年11月25日，八连所在团组织指导员岗位练兵手枪分解结合考核，只见八连指导员黄森一拔、一拉、一转、一抖，整个分解结合过程只用了35秒，干净利落地取得了第一名。

"一般人做动作都是左手辅动，右手主动。我们指导员探索出了左右手同步协调分解结合的动作要领，使全连分解结合的平均速度整整提高了5秒！"事后，士官邵明哲佩服地谈起指导员的夺冠秘诀。

说起对这一要领的研究，黄森谦虚地说："这套动作还得益于平时连队组织的武器保养日。我们连队干部不管工作再忙，都要带头进行武器分解结合，擦拭保养，时间长了我就摸出门道了。"

下午，黄森转战理论考核场。"黄森！""到！"

"军事训练的对象是什么？"……300道题库，随机抽考，现场答题，参谋长连珠发问。

"干部、士官"……黄指导员对答如流。

"面对面提问，当场分输赢，立马见高低，没有真功夫不行。"考核现场，团宣传股股长陈春雷深有感触地说。

"理论考核不仅要苦背更要巧背，更多的在于平时的掌握和工作的积累，临时抱佛脚收到的效果总是有限的。"黄森道出了其中的关键。

接下来，黄森又在授课比赛中夺魁。

日夺三金，全团官兵都敬佩地说："八连指导员就是牛啊。"

（徐海滨）

63. 找"底气"

"咚！咚！咚！"站在赛场中央的陈晶平听见了自己的心跳。他深深地吸了一口气，调整好呼吸，努力使自己平静下来。

随着裁判员一声令下，他迅速将面前的 92 式手枪分解，将零件依次摆放在油布上，而后又麻利地将零件组装完毕，整个过程完成得干净利落。

"35.47 秒！"

在随后的口述战斗命令、编写战斗教案、理论考核中，陈晶平当仁不让，以总分第二名的成绩荣获全团"排长标兵"。

然而就在一个月前，陈晶平还在为考核犯愁。在八连工作一年多，陈晶平从一名大学生迅速成长为一位优秀的排长，原本想在这次考核中一展身手，谁料却被一个"插曲"弄得没了信心。

一次，连队到团里走训。看到训练场上一派热火朝天的热闹景象，陈晶平忍不住走到障碍场上想要露两手，突然一个身影从旁边冲了过去，一个漂亮的"飞板"，而后过高板、跳深坑、冲刺……引起一片叫好声，仔细一看原来是侦察连排长袁伟。

陈晶平不禁担心起来，团里不少排长都是从战士直接提干的，论身体素质，绝对没得说；论指挥技能，也是驾轻就熟；自己虽然进步很大，但和他们比还有一定差距，这次考核是年底全团的一次大比拼，万一考不好不仅自己面子上不好看，还会给连队丢脸。思前想后，陈晶平一时间没了"底气"。

回到连队，他把心中的忧虑告诉了连长张道广。"怕什么！哪样不行就补哪样，只要肯吃苦，天底下就没有过不了的'火焰山'！"连长的话语掷地有声。

　　之后的一个月，陈晶平每天提前半小时起床，在操场上反复背记口述战斗命令；中午利用休息时间，在电脑房编写战斗教案；晚上就"猫"在兵器室，反复拆装手枪……

　　随着时间的推移，陈晶平的各项技能越来越熟练，成绩大步提升，他心中的底气也越来越足。最终在全团岗位练兵考核中，找到"底气"的陈晶平一鸣惊人。

（孙　斌）

64．4个亚军的分量

"铅球 11 米 38，获得第二名；跳远 5 米 48，获得第二名……" 11 月 20 日，八连一班长李旭从团运动会上载誉归来，他一个人参加了包括 400 米接力跑、扛轮胎、搬弹药箱等 5 个项目，其中 4 项获得亚军，被官兵称为"亚军全能"。

这位高个、黑脸、宽肩膀的小伙子，有着典型的山东人特质，说起话来声若洪钟，走起路来落地有声。此时，由李旭参加的跳远项目金牌角逐正在进行，这也是本届运动会的一大"看点"。

"李旭！"听到裁判员点自己的名字，小李深吸一口气走上跳远场。"李旭加油！李旭加油！"场外观众热烈欢呼着为李旭鼓劲加油，甚至有其他连队的官兵也赶来为他喝彩，原来李旭早已是全团人人皆知的"猎人"。只见李旭一个短短的助跑，便急停下来，身体顺势向前腾空而起，展腹、收腹、落地，"5 米 88！"正当官兵准备欢呼雀跃时，李旭突然失去重心向后倒去，双手撑在了 5 米 48 的位置。根据比赛规定，李旭以微弱差距屈居第二。

"李旭参加的项目太多了，虽然没拿到第一，但他依然是我们眼中的冠军！"没拿到第一的李旭很失落，但战友们却把他当冠军。"每天晚上别人都在玩游戏，李班长却在健身房搞辅助锻炼，他天天都坚持做到晚上锻炼一小时！"说起李旭，战士们都打开了话匣子。

为了练自己的肌肉力量，李旭每天晚上都来到连队的健身房，杠铃、哑铃等运动器材从头到尾练一遍，别人练半小时，他就练一小时，别人做 20 下，他就做 50 下，逼着自己练。自己弹跳力不好，小李就把杠铃加重到 200 斤，背着杠铃练弹跳，绕着操场跑步。看到战友朱瑞平铅球投得远，小李就拜朱瑞平为师，与小朱一起练杠铃卧推、臂曲伸等项目。经过一年的努力，原本铅球只能投七、八米远的小李，在比武中以 11.38 米的成绩取得亚军，与冠军——自己的师傅小朱只有 0.49 米的微弱差距，师徒二人包揽了 7.26 公斤级铅球项目的前两名。

得知团里要开运动会，李旭第一个找到连长，一口气报了 5 个项目。日常训练中，李旭把参加军区"猎人"集训期间学到的技能全都用起来，和战友们一起比着练、比着训。副班长李兵跳远是弱项，李旭就主动靠上去帮带，教他掌握运动过程中的动作要领，在这次运动会上，李兵以 5 米 36 的成绩名列第四名。

八连最终以 710 分的总成绩夺得团体总分第一名。李旭一个人就拿了近百分，在全团是屈指可数的"得分王"。

（师世平）

65．扑出来的勇气

这天下午，在八连组织的特种课目"倒功"训练中，新战士沈凯翔因为不敢前扑，班长急得直跺脚，小沈的脸也变得有些苍白。

"怎么回事啊？怎么还是不敢扑？"眼看训练时间一分一秒地在流逝，同班的其他新战士都勇敢地扑了下去，班长蒋海龙恨不得把小沈"摁"下去。

"如果不小心摔断手怎么办，手摔断了治不好我可就惨了，万一残疾了可就完了！"小沈愣在那里哆哆嗦嗦地说。

"其他的新战士都敢扑，为什么你的胆子这么小？"蒋班长问道。

"我跟别人不一样，我的舞蹈和魔术表演，不允许有半点闪失！"小沈并不买账。

这一幕正好被指导员黄森看到。

原来，连队接受了向首长机关汇报表演的任务，其中多项特种训练课目都是第一次接触，连队特意从团里请来训练尖子做示范表演，可是一下午都快过去了，小沈还是没有迈过这道坎。

黄森走到小沈身旁，鼓励他说："你看，我身高一米八，前扑的着地点比你远，手掌的承受力量比你大，但没关系，只要掌握动作要领、调整好心态，就能完成这个训练课目。"

说着，黄森就按动作要领来了一个标准的前扑。在黄森的示范下，小沈勇敢地扑了出去。

回顾"迈坎"的经历，小沈钦佩地说："连队干部以身作则，训练场上就没有迈不过的坎。"

（孙　斌）

66. 皖东砺兵

2007 年 8 月，八连配属海防二旅千里机动到安徽三界进行野战化训练，这是八连时隔 43 年，又一次走出大都市，开赴大山沟。八连官兵提出"配属不当配角，人少敢当拳头"的口号，抓住契机，苦练走、打、吃、住、藏、抗敌电磁干扰、防重炮火袭击、与炮兵协同作战等多种战技术训练。在最后上级组织的考核演练中，八连主动请缨担任主攻分队。

9 月 17 日早晨，离演习还有 4 个小时。这时，天空小雨淅沥，山谷雾气环绕，八连官兵们将在恶劣的气候下接受考验。在雨中，官兵们一路奔袭，按照规定时间到达演习地域。

11 点整，演习开始。首先炮兵群向"敌"方阵地实施了密集的火力压制。霎时，炮火轰鸣，硝烟滚滚。八连在隐蔽地域等待出击的时机。11 时 30 分，随着两颗信号弹腾空升起，八连官兵就像离弦的箭，飞一般地冲向"敌"阵。全连编成两个突击队，分别从左右两侧向前推进，一个预备队紧随其后。大家心中只有一个信念——向前冲！

在八连灵活的战术安排下，突击队翻越山头，直插"敌"9 号阵地。在一片喊杀声中，八连向"敌人"发起了猛烈的进攻。雨越下越大，官兵们脸上的汗水和雨水交织在一起，但大家全然不顾，向制高点发起全力冲锋，最终第一个将红旗插上"敌人"的阵地，受到军区首长的表扬。

（陈晶平）

114

67．小王脱"盔甲"

八连战士王少伟，江苏常州人，生得白白胖胖，性格文静。

2006 年新兵下连后，战术课目等训练相继展开，看到连老兵们搞起训练，都个个赛似"小老虎"，原本以为来到大都市当兵会"舒服"些的小王不禁担心起来，把"情况"向父母做了通报。不久，小王的父亲开着"奥迪 A6"特意来到好八连，给儿子送来一大箱东西。

一天上午，排里组织战术基础科目训练。"卧倒！"排长侯国成一声令下，"唰、唰、唰……"战士们个个闻令而动，毫不犹豫地朝正前方扑倒，奇怪的是只有小王一个人站在那里不知所措。"你怎么回事？"

"报告排长！正前方有根大树枝，能否将其拿掉？"小王慢吞吞的报告让官兵们哭笑不得。走近一看，原来是一根拇指粗的枯树枝横在他前面。

"如果现在是在打仗，会有人帮你捡树枝吗？"侯排长再次命令道："卧倒！"小王才不情愿地向前扑去。这一慢动作，让侯排长有了"重大发现"：王少伟不仅手上带有护腕，腿上绑有护膝，就连腰上也缠着护腰，整个人就像穿着"盔甲"一般。

原来，小王的母亲担心儿子在训练中受伤，专门买了一套护腕护膝让丈夫送到部队。"训练场是不流血的战场，今天怕苦怕累，明天怎么打仗？"训练归来，侯排长找到小王谈话。"排长，我可从没想过有战争，打仗不是我们这代人的事。"小王慢吞吞地说。

"作为军人不思打仗，就不是一名合格的军人。"侯排长感到小王不仅身上穿着"盔甲"，而且思想上也穿着"盔甲"，就信步把小王带到连队门前大理石上刻着的《八连颂》前："好八连，天下传；为什么，意志坚。作为八连的兵，你感到骄傲吗？"望着这首光辉诗篇，小王不禁红着脸低下头，侯排长语重心长地说道："战争年代，军人的价值体现在为新中国的诞生而抛头颅、洒热血；和平时期，军人的价值体现在为祖国的安定、人民的幸福，刻苦训练、无私奉献。进入新世纪新阶段，军人的价值体现在哪里呢？"

"军事好，如霹雳。是军人的本职要求。"侯排长指着《八连颂》说："要完成历史使命就不能怕苦怕累，更不能抱着当'舒服兵'、'和平兵'的思想，只有树立当兵要当能打仗的兵的信念，才能真正体现出我们的时代价值。"

打那以后，小王像变了个人似的，彻底卸掉了"盔甲"，自我加压搞训练，不仅在一般课目训练时积极参加，而且险难课目也冲锋在前。年底被评为训练标兵。退伍时，小王郑重地写道："好八连是我一生的'恩师'！"

（师世平）

116

68. 特别的体能 "套餐"

会踢足球的人都知道，一场球赛能进个球不是件容易的事。但在八连，却有这样一个规定：一场足球赛要进 10 个球才能结束。

原来，2007 年初，八连在野外驻训期间，有战士反映：业余文体活动单调乏味，连队组织活动时战士缺乏积极性。这可难住了连队干部，连队是单纯的步兵兵种，野外驻训除了让战士跑跑打打之外，缺少新内容，能不能在丰富连队业余文体活动的同时，提高官兵体能素质呢？

意见很快达成了一致。连队干部经多方协调，专门邀请我国著名田径运动员刘翔的启蒙教员端木国杰来指导连队如何把趣味运动运用到体能训练中。端木老师针对现有场地所限等实际问题，创新体能训练形式，提出了 "30 分制" 足球赛，即双方举行足球比赛，每射进一个球记三分，比赛必须有一方记满 30 分才能结束。官兵参加这样一场比赛，体力消耗相当于跑 10 公里，大大增添了训练的趣味性、对抗性。自那以后，连队的业余文体活动再也不是打老 K、下围棋了。

连队干部还据此改变以往在体能训练时做几个器械、几组俯卧撑的老做法，而是提出了 "快乐 60 分" 等体能训练法，连队把徒手 5 公里、800 米加速跑、1500 米变速跑用班与班之间跑 "接力赛"、排与排之间搞 "橄榄球"、篮球等竞技对抗活动，使官兵在趣味比赛中增强体能，丰富了连队的文体活动，战士们把这些活动称为快乐的体能 "套餐"。

2007 年 6 月，连队在警备区组织的建制连队对抗比武中，夺得了 8 个课目中的 5 项第一和总分第一的好成绩，2008 年年底，八连在参加团第 17 届运动会中，再一次卫冕团体第一的桂冠。

（师世平）

69．标兵的惊叹

　　从好八连保送入学的魏刚从军校毕业后，分到特警团四连任排长。魏刚十分惦记八连的训练，2008 年 8 月 11 日，他专门回到"娘家"参观学习。

　　楼梯口处，连长张道广一把抓住魏刚的手说："欢迎'老先进'回家，先到荣誉室看看。"

　　走进荣誉室，近两年连队军事训练的奖牌和证书高高的有一大摞。2007 年 11 月，八连在团里组织的比武中，一举获得 8 个项目中的 5 个第一。看到老连队取得这么辉煌的成绩，魏刚一定要缠着连长张道广讨教经验。

　　"说起来，这还和你有关呢。"张连长微笑着道出了一段连队训练"走麦城"的经历。"自从你这个'比武专业户'被保送入学走了之后，连里可有一段时间不适应。过去，连队把比武夺冠作为训练重点，使了偏劲，也付出了代价，连队整体训练成绩出现了大幅滑坡。"

　　"现在咱们训练注意了'营养均衡'，不再让战士们'吃偏食'。走！到训练场看看。"张连长带着魏刚走向了训练场。

　　训练场上一幅热火朝天的景象。"短跑王"邵明哲到擅长五公里越野的"五虎班"当起了教员；"战术专家"王德玉帮带 6 个 400 米障碍成绩靠后的战士纠正低姿要领……

　　"老班长，你回来了！"四班长钱科俊迎了上来。"快来看看我们的'交叉培训'训练法，现在各专业的尖子都带出了一批'高徒'。如今，连队里的各项训练课目都有多个'种子选手'，训练人才实现梯次配置，不再'挂空挡'了。"

　　说着，钱科俊把魏刚带到连队训练"龙虎榜"前。

　　魏刚仔细一看，上榜的训练尖子有近 20 人，比起当时他在连队常常独占鳌头的境况有了很大不同。

　　"你在连队时，就那几个尖子独霸'龙虎榜'的现象如今都是历史了，只是五公里越野课目不相上下的竞争对手就有闵宝川、廖志勇、叶涛等 5 个人，老兵新兵都有，连里再也不会出现过去训练'吃偏食'的情况了。"钱科俊介绍道。

　　看着"娘家"整体训练水平大幅攀升，战士们在训练场上龙争虎斗，祛除了"泡沫荣誉"的训练更加扎实，老先进魏刚的心里乐开了花。

　　　　　　　　　　　　　　　　　　　　（徐海滨）

70．朱辰退赛

朱辰退赛的消息很快在八连传开。原因很简单，他得了静脉曲张，不能参加运动会了，很多战士议论纷纷。

朱辰从小酷爱运动。新兵下连时如愿以偿来到了八连，为给连队创造荣誉，他主动请缨，报名参加了团里举办的冬季运动会。

凭小朱的实力完全有希望拿到运动会万米长跑冠军。然而，在一次训练中，他突然感到大腿内侧疼痛难忍，本以为是训练强度过大，肌肉疲劳造成的，所以又坚持跑了下去。可是一连好几天，小朱的疼痛不但没有消失反而愈演愈烈。几天后，卫生队的检查结果让小朱无法接受：大腿内侧静脉曲张，以后不能参加剧烈运动。

朱辰从此一蹶不振，感到自己成了连队的废人。甚至有些战友不理解地说："还有一个月运动会就要开始了，现在退赛不是临阵退缩，给连队丢脸吗？不像八连的兵！"也有些战友同情地说："身体是革命的本钱，只有健康的身体才能出战斗力，明年照样可以参加比赛拿名次。"

对此，指导员黄森教育全连官兵，关心战士身体健康就是关心战斗力，我们绝不能抱怨战友，而应该多鼓励关心一下朱辰，鼓励他重树信心，战胜身体疾病。

其实，朱辰的伤痛常人无法想象，他作出这样的决定绝不是临战畏敌，而是实在不得已而为之。在连队干部和战友的慰藉下，小朱的情绪已经平静了许多。他要继续发挥自己其他方面的优势，为连队建设做贡献。

（张宁峰）

第四部分：官兵成才篇

71．响当当的硬连长

【人物小传】刘金江，山东郯城人，"南京路上好八连"现任连长。多次被上海警备区评为"优秀带兵人"，被军区评为"优秀基层干部"、"何祥美式爱军精武标兵"、"优秀一线带兵人"，荣立二等功1次。

说起刘金江连长，真是响当当。

在"南京路上好八连"所在团乃至上海警备区，提起八连连长刘金江，没有人不竖大拇指。为啥？军事过硬呗！大家都习惯叫他硬连长。

瞧，硬连长出场了。

"连长，天气这么冷，你感冒还没好，今天就不要跑了，我先上吧！"初春的上海郊外某训练场上，气温到达冰点，八连每月一次的"逐人过"考核正准备开始，一班长彭勇轻扯他的袖子小声说道。

"少废话！老规矩，我先上，你给我卡表。"说话间，刘金江就把衣服一脱，第一个站到了400米障碍的起跑线上。

跃深坑、飞矮墙、跨高板……只见他如履平地，一气呵成。冲刺到达终点时，彭勇盯着卡表一看，乐了。"1分41秒！连长，你比上次还进步3秒哩！"刘连长一听，连连摆手："不行不行，今天天气冷，没活动开，按照我的目标，应该跑进1分40秒之内的。"

别看刘连长是大学生干部，但团里训练上的第一，他拿得手都发酸：5公里武装越野第一、400米障碍第一、战术标图第一……当连长4年多，总共拿了12个第一。

2011年，连队从步兵专业转换为特战专业。面对一无教材、二无骨干的困境,刘连长带着几名班长摸索开了。日以继夜地认真钻研特种训练大纲,学习相关理论,一周后就编写出了一本《特种课目教案汇编》。特种课目训练开始后,他坚持做"头开瓶第一个"、"倒功第一摔"、"攀登第一爬"。尽管身上头上到处是青一块紫一块,仍然练得最猛、拼得最凶。2011年底,团里组织特种专业对抗比武,刘连长一人拿回了特种射击、爆破器材使用、格斗3块金牌,让人刮目相看。

刘连长的"硬",远不止这些。

2012年底,警备区组织建制连队比武考核,在进行5公里武装越野考核时,刘连长不慎扭伤了脚,考虑到他有伤在身,团里决定不让他参加第二天的应用攀登考核。刘连长听说后,当即找到团长黄浦江,立下"军令状":不拿第一,给我处分!

考核当天,在脚上打了封闭针的刘连长动作仍像松鼠般敏捷,用时10秒52,虽然成绩比过去下降了一点,但还是毫无悬念地夺得了第一名。

在场的领导和兄弟单位的官兵惊叹:刘连长果然够"硬"!

（杨　利）

72. 播洒甘露的党代表

【人物小传】闫永祥，安徽蒙城人，2007年6月入伍，现任八连指导员，多次在上级组织的指导员岗位练兵中取得第一名，被上海警备区评为"优秀基层政治干部"。

"下面请看大屏幕！这是我们上海北京西路上的一段视频，大家可以看到，路上有宝马、奔驰，也有桑塔纳、捷达，还有摩托、自行车。看到这一场景，大家想到了什么？我想到的是：这条路就好比中国特色社会主义大道，在这条大道上，有坐着宝马、奔驰的先富起来的那部分人，也有坐着桑塔纳、捷达的刚富起来的一部分人，还有骑着自行车的普通劳动者，大家都怀着美好的憧憬向着前方行驶，共享幸福生活。所以，在'中国梦'实现的过程中，总有一部分人先富起来，但随着国家的发展，最终大家都能实现共同富裕。"

这是"南京路上好八连"指导员闫永祥给官兵上课的一个场景，他形象生动的讲解，如一股清泉流进官兵的心田，让一些对"共同富裕"持怀疑的战士茅塞顿开。

闫永祥就是这样，总是能在大家迷茫的时候，把丝丝甘露播进你的心田，让人心旷神怡。官兵也因此送他一个雅号——播洒甘露的党代表。

党的十八大召开后，一些官兵对十八大报告中的新思想新概括一知半解，闫永祥与理论骨干一边梳理国家和军队建设取得的成就，一边发动文艺骨干立即创作了26幅情节生动的漫画，对"五位一体"、"美丽中国"、"医疗改革"等内容进行生动解读，官兵看后直呼"解渴"。

闫永祥不仅善于播洒理论甘露，更精于播洒思想甘露，让每一名官兵都健康成长。

大学生战士刘星宇擅长写写画画，刚到连队时总觉得自己在连队实现不了价值，整天闷闷不乐，干啥都不积极。闫永祥在细致观察后，接连给他打了三"针"："价值激励针"，指定他担任连队文化小教员，发挥他的特长；"情感关照针"，充分肯定其优点，激发积极性；"融入集体针"，鼓励他积极参与集体活动，融洽战友感情。

这三"针"很快让小刘开了窍。他调整心态，与战友热情相处，并发挥特长在文化活动中主动挑大梁。2012年底，他被评为"学习成才标兵"。

尽情播洒甘露，让闫永祥有了丰厚的回报。近3年来，连队的理论考核成绩，年年全团第一；官兵思想稳定，没有出现一例违纪事件。

（缪爱军）

73. 点石成金"武教头"

【人物小传】彭勇，湖南岳阳人，2002年12月入伍，八连一班现任班长，先后被评为"感动团队十佳人物"、上海警备区"优秀四会教练员"、"一级技术能手"，荣立二等功1次，三等功1次。

"9秒87，第一名！"2月下旬，名不见经传的八连一班上等兵张俊出人意料地夺得连月考基础攀登课目冠军。

手捧奖牌，张俊激动得一把抱住班长彭勇，连声道谢。

2010年入伍的张俊，曾是连队有名的"草莓兵"。由于身材胖，遇到训练就厌烦，5公里没跑一半就改成了走路，器械练习也超不过两个。连队干部骨干找他谈心，他满口承诺刻苦训练，但一到训练场，还是往后退缩。几次比武考核，因为他的拖累，全连的成绩都受到了影响。有人因此觉得他是不小的累赘，提出干脆将他调离八连算了。但彭勇始终不离不弃，觉得他只是怕苦怕累，如果把这一缺点改了，他还是一支"潜力股"。

为加强张俊的5公里训练，每天清晨，彭勇都提前半小时喊他起床，带着他一起跑。一段时间后，班里其他战士也成了张俊的陪练。见张俊器械成绩靠后，每次一到器械场，彭勇就有意找张俊比试："小张，咱俩PK一下！"说着就把他拉到一旁单独练习。渐渐地，张俊领会了班长的用意，训练变得积极起来，还暗暗和彭勇较上了劲。半年后，张俊化蛹成蝶，5公里成绩进入全连前五名，单双杠也进入了前十名。

在彭勇的眼里，每个战士都是精武的好材料，只要方法得当，都能点石成金。

　　战士赵长龙其他的训练课目都很好，唯独对自动步枪的特种射击不精通，他为此苦恼了很久。彭勇虽然也很努力地为他示范，但收效甚微。有一次，当他从电视上看到兄弟部队利用摄像机帮助新兵纠正队列动作的新闻后，心生灵感，借来连队的摄像机拍摄赵长龙的射击动作，在慢回放中终于帮助他找到了症结所在——扣扳机时有一个孤僻动作。后来，纠正了动作的赵长龙射击成绩突飞猛进，夺得了团自动步枪特种射击第一名，成为远近闻名的"神枪手"。

　　"一人强不算强，人人强才过硬。"细心的彭勇还结合全班每名战士的优缺点，分别定制了"训练套餐"，实现了训练成绩的整体跃升。

　　2012 年年底，团里组织特战专业"逐人过"考核，彭勇带领的一班，全部 16 个课目，人人都拿到了优秀，其中包括 7 个课目的冠军。

　　事后，有人问一班咋这么厉害，大家异口同声地说："因为我们有一个点石成金的'武教头'！"

（孔祥磊）

74. 真情是把"金钥匙"

【人物小传】孙连续，山东临沂人，2005年12月入伍，现任八连四班班长。先后被评为"优秀士兵"、"优秀士官"、上海警备区"十佳士官标兵"，荣立三等功3次。

当兵8年，干了5年班长，所带的班先后有5名战士提干、转士官，7名战士入党，20名战士被评为优秀士兵，他就是八连名副其实的金牌班长——孙连续。

提及带兵秘籍，孙连续发自内心地说，"有了兄弟情、战友爱，没有战士不好带！"

新战士王拯入伍前打过工、跑过运输，社会经历比较丰富，心眼多。

一次，王拯洗澡时把大腿给烫伤了，孙连续听说后，赶紧跑过去，把他背到医务室治疗。后来，同班新兵说出了真相，原来小王为了逃避训练，故意用开水把自己烫伤。知道情况后，孙连续并没有生气。

哪知一波未平一波又起，王拯竟然打电话给家里人说自己训练受伤了，班长不给看病，死活要回家。

消息传开后，连队的不少班长很气愤，有人劝孙连续把实情告诉连队干部，把这个兵退了算了。

"退兵？咱没这个习惯。"孙连续淡淡地说，"我会带好的！"

孙连续不仅没有揭穿王拯，还继续让他卧床休息，每天给他端饭涂药，生活上无微不至地给予照顾。私下里，他还几次打电话与王拯的父母进行沟通，让他们也一起做好王拯的工作。

王拯每次塞在脸盆里的衣服，孙连续都为他悄悄洗掉；气温下降时，孙连续还用自己的津贴费给小王买了一套崭新的保暖内衣；王拯的生日到了，孙连续组织全班战友为他庆贺。

水滴石穿，真情赢得兵心。慢慢地，小王主动从病床上爬了起来，像换了个人似的，训练上既刻苦又卖力，工作上既主动又勤奋。两年后退伍时，他还被连队评为优秀士兵。

通过这件事，孙班长更加坚定了自己的带兵经：没有带不好的兵，只有没用好的心！

"大学生士兵范有德提干愿望迫切，心理压力较大，要多跟他聊聊；高天最近训练时有些心不在焉，肯定有心事……"

翻开孙连续的兵情记录本，上面密密麻麻地记满了战士的"心情轨迹"。"90后"新战士宁洋不仅生活自理能力差，训练也一直跟不上，新兵下连时，孙连续主动把他要到了自己班里。

手把手教小宁叠被子、系鞋带、洗衣服，经常找他谈心、聊天，发动战友们和他一起玩游戏。就连小宁有痔疮的小秘密也没有逃过孙班长的眼睛，孙连续经常悄悄给小宁拿药，还给他换药。

知道宁洋入伍前酷爱开车，也有天赋。孙连续把宁洋推荐到了连队特种摩托车驾驶队。

真情融化坚冰。孙班长的爱心焐热了宁洋低迷消沉的心，宁洋逐渐在连队找到了自信，训练场上也变得刻苦拼搏，逐渐成为连队的训练尖子。2012年底，宁洋因工作成绩突出留队转为士官。

（杨　利）

75. 遵守纪律如坚壁

【人物小传】郝忠波，江西九江人，2007年12月入伍，现任八连五班长，团"学条令、用条令"先进个人，两次被评为"优秀士兵"。

假如你掌握着中国馆预约券的发放权，面对亲人的请求，你是通融一下给予关照，还是不徇私情坚持原则？面对这道选择题，"南京路上好八连"五班班长郝忠波毅然选择了后者。

故事还得从2010年上海世博会说起。一天，正在执勤的郝忠波突然接到母亲的求助电话。原来，为了不影响儿子工作，老两口前一天自行从老家来到上海。他们在世博园里逛了一天，因人流量太大，一个热门场馆也没进去，脚底还磨出了血泡。无奈之下，他们想到了担负着世博执勤任务的郝忠波。

"儿呀，你爸就想看看咱们的中国馆，能不能想个法子？"母亲的请求，让郝忠波犹豫起来：自己每天发放预约券数百张，给自己的父母一张，于情于理说得过去，也不会有人知晓。可他沉默一会儿后，对母亲说："妈，部队有纪律，我们不能搞特殊化……"

这件事让有些人想不明白，说他"太迂太无情"。郝忠波反问："都开这个口子，那要部队执勤干吗？"

没有规矩，不成方圆。"纪律好、如坚壁"，是连队的传统，郝忠波始终把这一传统当作自己的人生操守和价值追求。

一次，他应邀到一所高校作革命传统报告。结束后，学校负责人悄悄塞给他一个信封，表示"一点意思，算作车马费"。

郝忠波一看，断然拒绝，并对他说："如果收下了，不仅以后直不起腰杆，讲传统没了底气，更会让好八连蒙羞！"

　　一席朴实而诚恳的话语，让那位负责人肃然起敬，一个劲地直夸"好八连的兵，就是不一样"。

　　在郝忠波看来，做到"纪律好、如坚壁"，就是不管在什么情况下，对规章制度都要百分之百地执行，不能打一点折扣。

　　2011年8月，团里组织长途拉练。郝忠波因脚踝受伤与几名体质较弱的战士落在了队伍后面。一些沿途经过的地方车辆主动停下，善意地招呼他们上车捎上一程，都被郝忠波谢绝。

　　他对个别有情绪的战友晓之以理：拉练期间不允许搭乘地方车辆，我们不能违规。再则，连这点苦都吃不了，还算什么革命传人？在他的鼓励下，战友们互帮互助走到了终点。

（缪爱军）

76．展示"八连 Style"的兵明星

【人物小传】刘道锦，江西泰和人，1987 年 12 月出生，2007 年 12 月入伍，2009 年 10 月入党，现任八连三班班长，4 次被评为优秀士兵。

"咱们的'鸟叔'又亮绝活啦！"

训练间隙，八连三班班长刘道锦，微扬剑眉，轻抖快板，一摆出那个大家熟悉、被战友誉为"八连 Style"的造型，马上赢得一片叫好。

"当兵来到好八连，优良传统记心间，听党指挥为人民，艰苦奋斗代代传……"朗朗上口的快板词、清脆流畅的击节声，引得不远处兄弟连队不时侧目。

"鸟叔"称谓从何而来？

"可能是战友看我的扮相有点像'鸟叔'吧！"刘班长腼腆一笑。带着一支葫芦丝入伍的他，主动请缨，利用业余时间组建了葫芦丝队和快板队。让人刮目相看的是，一段时间下来，节目办得有声有色。尤其是有一次他戴着墨镜打快板的造型，与"鸟叔"颇有点神似，后来战友干脆就称他为军中"鸟叔"。

"鸟叔"一出场，观众拍红掌。然而，成为"红人"的刘道锦，也有"尴尬"事：一次，他带队到驻地云中居委会慰问社区孤老。刚开始，很受欢迎，可好景不长，他渐渐发觉，老人们的热情有所下降。正当他不得其解时，社区党支部书记朱慧娟直接转达了"老人们想看八连原汁原味节目"的想法。

一语惊醒梦中人。老人们对好八连的关注和热情使刘道锦十分惭

愧。从那以后，他一改过去简单复制修改地方节目的做法，题材创作注入了大量以反映连队光荣传统、新时期建设以及参与上海世博安保等重大活动为内容的"好八连"元素，先后推出了一大批富有浓郁兵情兵味的优秀作品，多次代表警备区参加了上海市区军地文艺演出，成了远近闻名的"文艺达人"。

博大精深的连队文化，宛如一把钥匙，打开了刘道锦创作灵感的阀门，也坚定了他"连队荣誉高于一切"的价值追求。

2011年10月，刚动完眼息肉手术的刘道锦，得知连队要参加警备区歌咏比赛，立即提前出院归队。虽然医生再三叮嘱，眼睛不能进汗水，可一站到舞台上，他就忘我投入，在排练中经常累得满头是汗。最终，连队以优异表现一举夺取了第一名。2012年底，考虑到连队缺乏文艺骨干，权衡再三，他毅然放弃退伍进事业编制的机会，选择留队。

刘道锦不仅给战友带来了欢声笑语，更以音乐为媒，帮助战友谱写成才路线图。战士金宣宇，带着萨克斯八级证书入伍，然而因为体型偏胖，训练上总是垫底，他为此十分沮丧。刘道锦一有空，就拉着他探讨音乐，带着他一起训练。渐渐地，小金恢复了信心，主动报名参加连队硬气功训练，还成了战士"头开瓶"第一人。2012年，小金如愿考入解放军艺术学院，实现了军官梦。

（王 骞）

77．特种兵中的"特种兵"

【**人物小传**】韩伟光，安徽池州人，2009年12月入伍，八连一班副班长，多次被评为军事训练标兵、优秀士官、优秀狙击手。

"距离300，移动目标2个，卧姿——准备！"

随着一声令下，只见数名狙击手迅速卧倒，装弹匣、拉枪栓……"啪啪"两声，一号靶位射手率先扣动扳机，两个随风摇曳、几难辨别的气球，应声破碎，整个过程一气呵成，用时仅9秒！

这是发生在2012年4月军区猎人集训考核时的一个镜头。射手叫韩伟光，"南京路上好八连"一班副班长。经过激烈角逐，他在众"枪王"中脱颖而出，夺得300米距离对移动目标射击第一名的好成绩，受到了在现场观摩的军区首长的赞扬，并荣获"优秀狙击手"勋章。

台上9秒钟，台下数年功。成为连队一名狙击手后，韩伟光先后阅读了《步兵武器射击学》、《特种武器射击训练》等书籍，通过向尖子请教和个人揣摩，掌握了对不同目标的射击技能，提高了实战水平。为了自我加压，别人100个俯卧撑后练据枪，他就做200个；别人跑完5公里后再射击，他就跑8公里。这些，大大提升了他的体能和心理素质。考虑到外部环境变化对射击精度有着很大的影响，韩伟光还强迫自己用最短时间判定风向、风速，目测距离和高低角，确保关键时刻判断精准、一枪毙敌。

上海世博会开幕前夕，上级组织了一次复杂环境下城市反恐演练。面对一名挟持"人质"的"恐怖分子"，韩伟光与另外3名战友密切配合，分别占据有利地形。在僵持阶段，凭着过硬心理素质和射击技能，韩伟光抓住"恐怖分子"与谈判专家对话时的瞬间疏忽，一枪击中其眉心，无可争议地成为世博安保期间连队的"头号狙击手"。因为技术出众，大家私下里都称他为特种兵中的"特种兵"。

有了这个美称，他不但没有沾沾自喜，还利用业余时间，撰写出了5大本厚厚的射击心得和失误分析，与战友共享，帮助部队带出了数十名训练尖子。

2012年7月，警备区组织全区狙击手集训，决定在优秀狙击手中选拔4名担任教员。选拔前，机关的同志结合他的一贯表现，想让他"免试"通过。

"成绩只代表过去，我要靠自己的实力取得资格。"结果，不要"特别照顾"的韩伟光，以排名第一的好成绩成功入选，战友们钦佩地夸赞："真不愧为特种兵中的'特种兵'！"

（孔祥磊）

78．战友身边的"理论通"

【人物小传】李龙飞，山东菏泽人，2011 年 12 月入伍，八连三班战士，多次在团组织的理论竞赛中获第一名，被团评为理论学习标兵和优秀士兵。

党的十八大召开后的那段时间，一有空闲，八连三班宿舍里就人头攒动，异常热闹！这是怎么回事？

挤进去一看，原来是战士李龙飞正在给大家"翻译"十八大报告呢！只见他端坐桌前，战友们将他围得里三圈、外三圈，看这架势，还真有点"理论家"的风范。

"龙飞，你看这一段，为什么必须把科技创新摆在国家发展全局的核心位置？"不知什么时候，中士班长刘道锦也拿着《十八大读本》来求教了。李龙飞微微一笑："创新是实现国家发展的不竭动力，不创新，就会落后，落后就要挨打。打个比方，咱俩打架，我手中只有刀枪，而你通过创新，发明了飞机大炮，我自然是打不过你。所以说，不创新能行吗？""不行！"大家异口同声，接着爆出一阵掌声。

李龙飞是位大学生士兵，毕业于甘肃政法大学，对理论学习特别有兴趣，而且总能把深奥的理论通过浅显的语言表达出来，他因此被大家亲切地称为"理论翻译"。每次遇到难懂的理论问题，大家都喜欢向他请教一番。

一次，聆听了一位专家的授课后，有战士对"生态文明建设是关乎民族未来的长远大计"这一观点有些不理解，在网上发帖求教。李龙飞马上进行了回复："农民在捕鱼时有个习惯，就是只抓大的，不抓小的，因为如果不论大小一块儿抓了，河里的鱼很快就会被抓光，以后就没有鱼可吃了。所以得等它长大了再抓，这样河里的鱼就可以不断繁衍生长，人们就可以经常有鱼吃了。生态文明就是这个道理，地球上没有资源是取之不尽的，必须科学经营，这样国家和民族才会持续发展，世代生存下去！"后来，这一回复点击率上千，还得到警备区领导的表扬。

李龙飞不仅乐于为战友当好"理论翻译"，还经常把自己的学习心得整理出来，汇编成册，带动大家一起进步。党的十八大召开后，他立即把十八大报告中有关"美丽中国"、"创新驱动"、"城乡发展一体化"等热词整理出来，配上通俗易懂的注解，编成小册子，供大家学习借鉴。后来，连队在团里组织的十八大知识竞赛中夺得第一名。

别看李龙飞入伍才一年多，但在理论学习上，却是个 No.1。2012年，他 3 次在团里组织的理论竞赛中夺得第一名，年底被团里评为理论学习标兵，成为列兵就当上理论学习标兵的第一人。

"政治好、称第一，是我们连队的传统和招牌，我要把这块招牌叫得更响、擦得更亮！"在颁奖典礼上，李龙飞的一番感言博得如潮掌声。

（夏浩之）

79．为民磨刀的"富二代"

【**人物小传**】毛梓锋，浙江慈溪人，1988 年 12 月出生，2011 年 12 月入伍，八连"为民服务班"战士，连队"十佳义务兵"。

小个头，黑乎乎，训练场上敢拼争，磨起刀来快如风。

翻开"南京路上好八连"战士毛梓锋的档案，优异成绩赫然入目：各项课目名列前茅，其中徒手 5 公里越野用时只需 18 分钟。不仅如此，他还是一位"名磨"，磨刀速度堪称全连第一，曾创下一小时里磨刀 30 把的纪录。

认识他的人都说，"这个新兵不简单。"

为啥不简单？连队干部介绍，小毛是个独生子，其父是个企业家，经营的项目科技含量高，发展前景好，创造利润大。然而，正是这个典型的"富二代"，大学一毕业，不仅没有子承父业，还来到了八连，成了"为民服务班"的一名战士，干起了为民磨刀的活。

起初，听说自己就被分到了"为民服务班"，从事的专业是"磨刀"时，毛梓锋有点想不通：现在生活条件这么好，谁还来磨刀、理发？

连队第 35 任"为民服务班"班长赵占峰，瞧在眼里，记在心中，马上开出两剂"舒心丸"：

一是想进服务班，训练要过关。小毛左看右瞅，班内战友，个个都是训练标兵，一下有了"危机感"。

二是为民服务是连队老传统，传好接力棒，责任无限重。成为好八连一分子，就得是"人民的勤务员"，对照"为人民、几十年"的赞誉，毛梓锋愉快地接过了磨刀石。

第一次来到南京路上的服务点，毛梓锋一下傻了眼——附近的阿公阿婆们早就排起了长龙等待他们的到来，手里提着旧鞋、锈刀。

"原来社会上还有这么多需要帮助的人！"来不及感慨，小毛马上热情地接过菜刀准备开磨。

"哎，小同志这样磨不对，洒在刀面上的水不能多，磨得快干时再加！"一位姓钱的阿婆看出他是个新手，就在旁边指导起来。原以磨刀很简单的小毛，一下子羞红了脸。

班长看到这一幕，赶忙来"救援"，指导他磨好了第一把刀。

"给连队丢脸了！"毛梓锋愧疚地告诉班长，"我要好好学习，争取早日拿到为民服务的'上岗证'，当真真正正的八连传人！"

从那以后，毛梓锋一有空闲就向班长请教，手指磨出水泡也咬牙坚持。考虑到每次服务人数较多，他还在磨刀的时间上下工夫，拿着秒表为自己计时。正是凭着这一股韧劲，2个月后，他成了闻名南京路的"名磨"。

听说他是个"富二代"，接受过他服务的人都说："这个新兵不简单！"

如今，与他握手，两只小手，8个茧，可他的脸上笑成了一朵花。

（刘风林）

80．八连的闪光名片

　　一名"恐怖分子"挟持"人质"，占领"居民楼"负隅顽抗。一名身穿黑衣的蒙面士兵从天而降，指挥 7 名特战队员，熟练运用侦察、伏击、奇袭等战术手段，5 分钟后成功解救人质，"恐怖分子"束手就擒。

　　这是 2012 年 8 月，发生在特警团城市反恐汇报演练中的一幕。让在场军地领导意想不到的是，这名身手不凡的特种战士竟是"南京路上好八连"的九班班长左辉。

　　2011 年，八连根据任务调整进行特种训练任务转换，这让左辉这个练了 7 年的步兵"老把式"一下子成了"门外汉"。长期的训练让左辉身上有多处伤病，有的战友劝他"老胳膊老腿就别折腾了"，但左辉却说："武艺练不精，枉为八连兵！"

　　特种训练中，左辉处处冲在前。为了尽快掌握特种训练专业技能，一年多来，左辉强忍着肘部有骨刺的疼痛，每天坚持提前起床练特种课目。练手劈砖、头开瓶、背断棍时，手掌劈肿、额头流血、背上淤青对左辉来说是家常便饭；练习滑降跳窗，他也时常因时机把握不准，撞在窗沿上；训练倒功，左辉两支胳膊也经常摔得没有知觉，但他总是咬牙坚持。

　　左辉常把老班长鞭策自己的一句话挂在嘴边："成功的集体里没有失败的个人，失败的集体里没有成功的个人，进了八连门，就是八连的人！"为此，每次连队特种训练中的"第一爬、第一摔"总有他黝黑的身影，左辉也被战友们亲切地誉为训练场上的形象大使。

　　连队成立摩托车特技驾驶小组后，左辉又第一个报名，成为连队第一批掌握特技翘边斗、180 度大调头、隐蔽驾驶等驾驶技能的骨干。

左辉不仅自己争当特种训练能手，还用自己的行动带动影响班里的战士成为训练尖兵。近几年来，左辉先后带出 21 名训练骨干，8 人获得"一级神枪手"称号，20 人次在上级组织的考核比武中取得第一名，40 人被评为军事训练标兵，3 名战士考上军校。

　　入伍七年来，左辉先后多次被评为优秀士官标兵、优秀共产党员和南京军区优秀士官人才奖，并两次荣立三等功。

（丁绍学）

81."童阿南"的转变

因为与《霓虹灯下的哨兵》中的童阿南有几分相似，2011年底入伍的新兵，来自上海本地的刘星宇格外引人注目。

在新兵连的时候，刘星宇对于训练可以用"恐惧"来形容。每次听到要跑步时，他都脸色苍白，老是躲在后面，能不跑就不跑，还喜欢强调理由，把自己说得浑身都是毛病。

有几次郝忠波还故意用"激将法"刺激他："跑步跑步被拉，器械拉不上，投弹投不远，你还能干什么，就是吃饭比谁吃得都快都多，睡觉比谁睡得都早。"尽管班长这样说他，但他依旧在思想上自暴自弃，对于以后的军旅生涯，唯一的寄托就放在他退伍后的十万块钱上了。在作风上，很多时候他也很像童阿南，什么事都只想自己的利益，毫不考虑集体和他人，刚开始战友们对他都很是无奈。

面对他的情况，班排长、指导员、战友们没有放弃。班长特意安排同班的大学生新兵小范去帮助他，渐渐地，小刘的思想有了转变，在交心中，小刘说出了真心话："我在很多方面都不足，使得我内心很自卑，很多时候我的退缩不是我不想去干，而是我不想给班里和集体丢脸，我会努力去改变自己，不辜负战友们的期望。"

在下连后的日子里，小刘由想去学卫生员的思想慢慢地转变成了积极的兵，在体能训练上，也都踊跃地去参加，去赶在前面。

电影中的童阿南从一名懒散的上海兵转变成了一名标兵，现实中的"童阿南"转变成了一名积极踊跃的兵，从这个方面看来部队真的是一个能改变人、锻炼人的地方。

（张宁峰）

82. 勇擒扒手

　　"呜……" 321 次列车缓缓启动，只见 8 号车厢口一位中年妇女眼噙着泪水。随着春节的一天天临近，各个车站都挤满了等着回家的旅客，上海作为国际大都市，这一情况尤为突出。八连的官兵们一如往年来到了火车站帮助维持秩序。这一天，战士杨承荣和几个战友正努力地维护着站台的秩序，安排旅客排队登车。站台上挤满了人，突然人群中有人大叫一声"抓贼啊"，小杨寻声望去，只见一位中年妇女正拼命追赶一个年轻小伙子，旅客忙着上车一时没回过神来。

　　眼看着小偷就要逃逸，此时的小杨早已穿过混杂的人群闻声追来，凭着过硬军事素质，他一个漂亮的前扑，将小伙子压倒在地，一声断喝"把东西交出来"，颇具威严的声音震得小偷一愣，却不料这小偷狗急跳墙，情急之中从口袋里摸出一把匕首猛地向小杨后背刺去，在此千钧一发之际，围观的旅客忙用行李打飞匕首，众人将他擒获……众人夸小杨神勇，他谦虚道："素质不过硬，枉为特警兵！"

（王 骞）

83．一份调离报告

战士梁昌红家境贫苦，祖祖辈辈生活在江西一个偏远的山村，父母长年在外打工。从小缺乏管束的小梁初中没毕业，就辍学加入打工行列。

2004年12月，梁昌红参军入伍，来到上海这个繁华都市，一个山村娃处处感到新鲜。来到八连后，他非常珍惜这次难得的机会，平时训练刻苦，从不叫苦叫累，敢于与其他战士比拼，军事素质一直排在连队的前列。

可是理论学习课上，他却"坐不住、听不进"，笔记记不下来，心得又不会写，每次指导员检查教育笔记本时，他额头直冒虚汗；连队参加军民共建活动，他既没特长又没口才，更不敢和别人交谈，总是默默地躲在角落。

文化低的"帽子"，让小梁感到抬不起头；生活上的坏习惯，则让一些战友"看不起"他。小梁认为，在八连一点都不自由。不到一个月，他以自己"底子薄"、对不住好连队为由，要求调离八连。

小梁的"自卑"，当时的指导员江成玖看得清楚。

"你经历过打工磨砺，有吃苦的基础，在训练场上敢于争先，摸爬滚打从不含糊，说明你想上进。只要大家奋力拉你一把，自己再使劲跑上一程，很快就能赶上队伍。"江指导员的一番话，点燃了小梁的希望。

为帮助小梁学习文化知识，指导员为他量体裁衣制定计划，排长、班长，甚至文化高的战士，都是他的"文化教员"；为锻炼小梁的口才，连队让他连续主持饭堂小广播；为培养他学理论的兴趣，班长安排他读书读报，推荐他参加体会交流。

　　渐渐地，在小梁掌握一些文化基础后，班长滕远建又鼓励他学起了电脑，每次连队请老师来上电脑辅导课，滕远建就与小梁结成互学对子，还帮小梁购买了《电脑知识》、《计算机应用》等学习资料。经过两次考核，小梁如愿取得了上海市计算机应用能力初级证书。

　　退伍后的梁昌红，凭借在八连当兵两年的素质积累，在省城南昌开了面粉加工厂，年收入20多万元。

（张宁峰）

84. "硬汉"的泪花

一天清晨，新战士李中强怎么也找不到前一天晚上藏好的拖把。正当他纳闷时，看到二班战士小刘拿着拖把从水房出来，他二话没说就上去抢："把拖把拿来！"

"这是我们班的拖把，你凭什么跟我抢。"小刘手握拖把不给。

"我就是和你抢，怎么啦！"李中强一手抓着拖把，一手推了小刘一下，硬是将拖把抢了过来。为此，两人还差点动了手。

这种事情在八连不多见。连队干部了解到，李中强从小在父亲的"棍棒教育"下长大，他只要做错事，就得"挨"上几下，渐渐地，小李也养成了脾气火爆、遇事急躁的性格。

指导员黄森决定以爱入手，"扭扭"李中强的性子。

2007年8月，在连队一次30公里的野外拉练时，李中强因脚受伤落到全连的最后，当他忍着疼痛冲向终点时，黄指导员带领全连官兵列队欢迎，并把热烈的掌声送给了他。看到自己跑了最后一名，战友们都没有瞧不起自己，平时以"硬朗"示人的李中强，此刻眼含热泪。

连队的关爱使李中强渐渐改掉了坏脾气。一天，李中强敲开指导员房门：以后不仅要在越野跑中力争上游，思想上也要跑到前面。

从此，李中强尊重干部、团结战友，努力学习、刻苦训练，果然进入"上游"行列。一年后，他被连队吸收为入党积极分子。小李父亲得知儿子的进步，特意定做了一面锦旗赶到连队。在八连全体官兵面前，小李父亲动情地说："我没文化，以为不打不成器，可你们没动我儿子一个指头，就让他出息了！"

（葛传宝）

85. "魔术师"的期待

八连把一切想着战士发展、一切为了战士发展、一切有利于战士发展，作为带兵育人的落脚点。

新战士沈凯翔毕业于徽州师范学院艺术系，是个多才多艺的小伙子。他不仅民族舞跳得好，还有一手舞台魔术"绝活"。新兵营搞联欢，沈凯翔上台露了"两手"，顿时技惊四座。第二天，警备区演出队队长找上门来，问他："想不想到演出队发展？"

"大明星孙俪，不就是这个演出队走出去的吗？我来了保证好好练功，没准哪天我也可以成为明星，也能给演出队争光呢。"沈凯翔巴不得。

新兵下连分到八连，沈凯翔天天都在掰着指头算：人家什么时候来接自己。心里一闹腾，训练、工作就有些心猿意马。一天晚上，指导员黄淼把正在练形体的沈凯翔叫住。

"说说看，为什么当兵？"

"原来是想体验一下军营生活，现在想早点到演出队去，体现自我价值。"沈凯翔答得干脆。

"被演出队相中是好事。可光有文艺天赋不行，还要具备合格战士的综合素质。明白吗？"

沈凯翔茫然地摇摇头。

"一个战士，没有过硬的军事素质，走到军营任何地方都会不适应；演出队的战士，有了连队生活基础，才能排好戏、受到官兵喜欢。兵的基础，是军旅人生不能跳跃的一个台阶……"

沈凯翔若有所思地点点头。

过了一段时间，沈凯翔的心静了下来，"普通一兵"的意识增强了，训练、工作也投入了。在八连当兵 7 个月，沈凯翔已经夺得两个比武名次，中央电视台第 7 套节目还为他拍了专题片，警备区演出队也拟了调人报告。

培养官兵树立终身学习的理念，引导大家把学习当作"一种事业、一种追求、一种修养、一种享受"。八连在官兵中叫响了"学习只有毕生，没有毕业"的口号，号召大家提高能力素质。近 5 年，八连有 25 名士官报名参加大专学历教育，14 人通过严格考试实现学历升级，249 名官兵取得计算机应用等级证书。

（张宁峰）

86. 陈排长"变身"

训练结束，二排长陈晶平便像泄了气的皮球一样，瘫倒在床上。到了吃晚饭的时候，陈晶平也没起来。

"排长，你这是怎么了？"排里的班长骨干凑到床前关切地询问起来。

"干不下去了！"陈晶平腾地一下坐起来，不停地摇头叹息。

原来，下午全连组织战斗动作示范教学。头天晚上，连长让陈晶平担负示范教学任务。但陈晶平却犯了难，虽然自己当排长已经6个多月了，可组织训练教学还是头一回。

为了搞好教学示范，陈晶平连夜准备了3个多小时，本以为今天下午能赢得一点掌声，谁知，上场还没5分钟，观摩的战士们就议论开了。"示范动作不够规范，指挥气质欠佳"、"细声细语的，怎么像个小姑娘"……听到战士们在底下"叽叽喳喳"，陈晶平的脸一下红了，讲解示范的节奏也乱了，在接下来的教学中顾此失彼，最终以失败结束了自己的首次"演出"。自尊心极强的陈晶平，受不了战士们的指指点点，于是也压起了"床板"。

陈晶平毕业于上海大学机械专业，是系里的高材生，2005年7月，陈晶平踌躇满志地来到部队后，成为一名步兵排长。在其他连队干了半年多的排长，调整到八连担任二排长。陈晶平知道八连是老先进，干部的自身标准很高，战士的民主意识很强，在八连当干部没两把"刷子"不行。为了胜任新的角色，陈晶平也做了方方面面的准备。没想到一次示范演示的失误，战士们都这样不依不饶，他感到太委屈了。

陈晶平的满腹委屈，指导员黄森看得清楚。为帮他尽快适应八连的环境，黄森靠上来做起了工作。他帮助陈晶平分析自身的优势：你学历高、知识丰富，这是你的优势，但缺少的是"兵"味和带兵的经验，战士们对你抱有极大的希望，同时对我们全连干部的要求也很高。如果把这些作为自己成长发展的动力，你就会以感激的心情对待各种不同意见。现在的不适应是暂时的，只要努力肯定能尽快提高自己的实际工作能力。

一席话说得陈晶平心里暖暖的。

陈晶平重拾信心，满腔热情地投入到工作中。他缠着连长学习训练方法，拉着班长苦练指挥口令，跟着战士一起锻炼体能，并主动把《轻武器射击教材》、《陆军军事训练指导法》等30多本军事教材放到床头，认真钻研起来。短短几个月，他的五公里长跑就提高到20分钟，以前那个稚嫩的"学生官"不见了，取而代之的是一个敢闯敢拼的军营硬汉。

（孙　斌）

87．崔书记的眼光

八连信多。这些信，有的写给战士，有的写给连队干部，有感谢信、情况介绍信等。信多，缘于八连坚持为战士写好"五封信"：新兵入伍平安信、老兵退伍推荐信、成长进步减压信、家庭困难慰问信、立功受奖祝贺信。

小小的信件，成了连队与战士家庭和社会交流沟通的桥梁，也是连队关心战士成长的一个缩影。

2007年10月，上海市政一公司党委书记兼董事长崔健跃收到了八连的一封推荐信，信中的一张战士照片，勾起了崔书记的回忆。

两个月前，公司组织员工到八连过"军营一日"。指导员黄森拿出一张照片给大家看。照片上，一名浑身泥水的战士灿烂地微笑着。"今年连队野战化训练期间，班长戈安华冒雨在山上构筑工事伪装三天，虽然衣服湿透了，但他完成了所有的训练课目，取得优秀成绩。"听了介绍，员工们很受感动，争相传看这张真情流露的照片，也记住了这位名叫戈安华的班长。

"他的特点是吃苦精神特别强，越是在艰苦环境下越能吃苦。他这种品质比较适合贵公司的工作岗位……"推荐信里，八连党支部详细地介绍了戈安华的情况。

经过公司全面考察，戈安华被正式聘为职工，成了一名建设地铁的盾构隧道掘进机驾驶员。因为戈安华能吃苦、组织能力强，2009年8月，他已被公司从过江隧道的地下工地中召回，作为工会副主席候选人进行培养。

今天是连队的"主人"，明天是社会的"能人"。一些接收了八连退伍兵的用人单位都说，八连战士军事素质过硬、思想品德高尚、创新思维活跃、发展目光深远。2008 年至 2009 年，八连先后有 60 多名退伍战士通过连队推荐信走上各个工作岗位。据统计，2003 年至 2009 年退伍的 143 名老战士中，44 人当了公司老板，22 人成了所在企事业单位的骨干。

（张宁峰）

88．八连的毕业证

　　"没有坚强的意志，就没有辉煌的人生。服役期间，用艰苦奋斗的意志品质，把兵的责任尽到位，把吃苦奋斗当作人生的一笔财富积累下来，有了这笔财富，无论走到哪里都会一往无前。"

　　写信的人，是一位退伍战士，名叫马世坤。

　　马世坤刚到八连，身体单薄，一听"体能训练"，如临大敌，总是想方设法躲避。越怕训练，成绩越差，每次考核都是"尾巴"。

　　能吃他人难吃之苦，能克他人难克之难，能成他人难成之事。这是八连战士成就事业的根本。"在训练场上退怯，意味着放弃士兵职责，丧失战斗精神。在军营就将一事无成，会后悔一辈子！"班长一席话，说得马世坤面红耳赤。

　　接下来几天，马世坤不断反省自己：训练场上，八连的兵个个都有一股"饿死不弯腰，冻死迎风站"的劲头。我怎么能当孬种呢？别人能坚持，我马世坤也能坚持！马世坤注入了奋发进取的动力。

　　训练场上，他挺起胸膛站在排头。单杠一练习，别人一组拉10个，他体力不够，每次三四个，就比别人多拉几组；仰卧起坐，别人一口气做20个，他喘几口气，总要达到30个；五公里长跑，别人徒手，他绑上沙袋变成负重……

　　两年的士兵生活，马世坤把自己交给了八连，融入了八连这座"熔炉"，把自己这块"毛坯"，锻造成一块"好钢"。2006年退伍后，马世坤凭借过硬的素质，参加招干考试，一路过关斩将，最终战胜40多名竞争对手，成为山东省单县公安局的一名干警。

　　　　　　　　　　　　　　　　　　　　（滕金奎、张宁峰）

89. 利益争夺

"连队发展绝不能以牺牲战士利益为代价。"这是八连党支部在学习实践科学发展观中的一个心得，也是连队建连育人的一道行为规范。

2006年4月，连队受领了一项为军地领导进行岗位练兵成果汇报表演的任务，前来观摩的军地领导有总部和军区的领导，还有上海市的领导，规格高、时间紧、任务重。在挑选手枪射击表演课目参演人员时，连队党支部在朱瑞平这个名字前犯了难。

朱瑞平当时是六班的副班长，虽然只是个上等兵，但小朱有着令人赞叹的军事素质，参加团里组织的老兵尖子比武，小朱一口气拿下了战术基础第一名和综合成绩第三名的好成绩。特别是在刚配发的92式手枪射击训练中，小朱更是水平超常，一直保持在45环以上的好成绩。很显然，92式手枪射击课目表演，小朱是最适合的人选。但过几天，小朱将参加士官院校招生考试，目前正是复习迎考的关键时期。小朱来自一个农村家庭，一直有一个报考士官院校的梦想，是让小朱参加连队的汇报表演还是让他实现自己报考士官院校的梦想？

就在连队党支部犹豫之际，朱瑞平主动找指导员黄森说："指导员，我当了一年多的兵，不仅入了党，还被连队作为骨干进行培养。没有连队培养就没有我的今天，作为一名八连兵，在连队最需要我的时候，我怎么能退缩呢！"

小朱的举动让连队干部为之动容。"战士视连队利益高于一切，连队也要视战士利益高于一切。考学能改变战士一生的命运，这样的利益绝不能侵占。"最终，连队决定把朱瑞平的名字划掉。

连队干部说："连队确实需要你，但报考士官院校对你、对你的家庭更重要。你就安心复习迎考吧。"

　　汇报表演当天，小朱并没有走上表演场，而是留在连队安心复习。2006 年 8 月，朱瑞平如愿考取了军事经济学院襄樊分院，实现了自己梦寐以求的心愿。

（丁绍学）

90．闫青松的"诡计"

2006 年 3 月的一天，八连对刚下连的 30 多名新战士进行 5 公里摸底考核，新兵闫青松以 24 分 50 秒的成绩名列倒数第一。

第二天，班长拿着一套补训方案找到闫青松，他却满不在乎地说："我的训练我做主，不用你们操闲心。"班长把这事告诉了时任连长的彭瑞林。看着腿长身高、浑身鼓着肌肉疙瘩的闫青松，彭连长怎么也不相信这位河北汉子跑不快，一打听，小闫还真不简单，当兵前曾作为唐山市的代表，到韩国参加过街舞比赛，在新兵连也是出了名的尖子兵。

闫青松，"葫芦"里到底卖的是什么"药"呢？

考验闫青松的时候到了。一个月后，彭连长带领全连官兵参加驻训。八连一回到团里，其他连队纷纷向八连发来挑战书。八连官兵个个嗷嗷叫，围着连长要求出征。

"闫青松参加 5 公里越野……"当听到"闫青松"三个字后，战士们顿时傻了眼："连长是不是搞错了，怎么让他去应战？"闫青松却自信地向战友们比了个"V"。

不跑不知道，跑起来吓一跳。大家眼中的"小绵羊"，这时却变成了脚下生风的"小老虎"，几圈下来闫青松甚至还超过了其他连队的几位老兵。在战友的欢呼声中，小闫只用了不到 20 分钟跑完全程，虽说没拿到第一，但这样的成绩在全连也算是偏上的了。

那天晚饭，小闫吃得特别香。饭后，嘴里哼着小曲的他迎面碰上彭连长："小闫啊，你的 5 公里进步幅度都要赶上火箭啦！"闫青松被彭连长说得不好意思起来。"说说看，刚下连时故意垫底为哪般？"

机灵的闫青松不想被连长先将一军，看看实在躲不过，便一五一十地道出原委。原来，小闫为了让连队干部感觉自己进步快，一向好表现的他在连队5公里摸底考核使出一招"诡计"，"隐藏实力"保自己的"进步幅度"，让人感觉天天有"进步"。

"想进步说明你上进心强，但不能按自己的计划。在八连，目标只有向前向前再向前。"听了这番话小闫低下了头。"成长进步光靠军事素质好还不行，思想素质、文化素质等方方面面协调发展，才能达到全面过硬。"一席话说得闫青松连连点头。

摸清底数好带兵。经过一番教导，小闫彻底改变了，不再靠小聪明赢得肯定，而是全身心投入到连队的教育训练等各项工作中去，当兵第一年便被评为训练标兵，并在同年兵中第一个当上副班长。

（师世平）

91．隐藏"身份"的背后

"进了八连门，就是八连人。"战士们总以身为八连的兵而感到无比骄傲，然而，新战士曹俊在参加军区狙击手集训中，却隐藏了自己的"身份"。

曾在新兵连打出两个50环的二班新战士曹俊，6月中旬，经过层层选拔，作为团狙击手苗子，被选送军区某特种训练大队培训。小曹对这次集训机会非常珍惜，但一想到严格艰苦的训练，他就变得谨慎起来，不敢对别人说自己是"南京路上好八连"的战士，生怕自己评不上全优，而砸了连队的"牌子"。

那天，集训队请有"枪王"美称的何祥美给官兵作动员。当这位"三栖精兵"说到"当兵就要当能打仗的兵"时，小曹陷入了深深的思考："'南京路上好八连'是闻名全国全军的英模连队，自己代表的是八连，不敢亮身份说明自己没信心。参加集训，只有一条路：就是要弘扬连队光荣传统，夺比武金牌，争优秀学员。否则，才是砸连队的'牌子'。"

小曹打电话把自己的想法告诉了连队指导员黄森，并得到黄指导员的支持和表扬。打消思想顾虑的曹俊热血沸腾，不再刻意隐瞒身份，而是全身心投入到训练中，敢与老兵试比高。有一次，小曹在600米远距离精度射击中，以3环的差距被拒之前五名门外。晚上躺在床上的小曹翻来覆去睡不着，第二天，练习精度瞄准时，有人发现在小曹的枪上，多了一个子弹壳，只要子弹壳落地，他就会付出双倍的时间来练瞄准。训练中，别人一小时休息一次，小曹一趴就是一上午；开展立姿瞄准训练，小曹纹丝不动一站就是2小时。直到现在，小曹的双肘上还磨有厚厚的老茧。

　　功夫不负有心人，3个月集训结束，小曹在来自军区的80多位选手中，取得射击考核第三名的好成绩，成为唯一一个进入前三名的新战士，就连不少老士官、老"枪手"都自叹不如，并由衷地赞扬小曹："好八连的兵就是过得硬！"

（师世平）

92．一个人的连队

"各位来宾，欢迎参观'南京路上好八连'连史馆……"在众人怀疑的目光中，陆健宇当起了八连连史馆的讲解员。他从毛主席的著名诗篇《八连颂》开始讲起，详尽讲述了连队各个历史时期的感人故事，从八连官兵进驻上海滩到轰轰烈烈开展学人民、为人民活动，从缝缝补补又三年的艰苦岁月到新的历史时期如何把光荣传统发扬光大，从参与上海城市建设到苦练打赢本领，40多分钟的精彩讲解，博得了阵阵掌声。

参观结束，上海虹桥国际机场有限公司领导问："小战士，你是八连的专职讲解员吗？"

"不，我们八连的官兵人人都是连史馆的讲解员。"

8月10日至9月30日，八连奉命赴皖东某训练基地开展实战化训练，除了值勤岗哨移交给兄弟连队外，只留下上等兵陆健宇一个人在家。整整50天，小陆把全连上下打理得井井有条，受到官兵的好评。

50天的时间里，小陆一个人接待了来自无锡地税局、上海第一百货公司等全国各地的10多批参观团，而这样的任务只是小陆工作的一小部分。大部分时间，他都把时间泡在维护营产营具和保持班排宿舍通风上，仲夏时节雷雨天多、潮气大，小陆每天都要在连队和俱乐部两幢楼里跑上跑下好几趟，俨然一个"大管家"。特别俱乐部这幢楼是上世纪二三十年代的建筑，内部多为木质结构，为防止生霉变朽，小陆坚持每天开窗通风、打扫一次卫生、将门窗擦拭一遍。有人对他说："连队就你一个人，搞得再好也没人看见。"可陆健宇却说："我不能为八连赢得鲜花，但我要做好一枚衬托鲜花的绿叶，让八连永远焕发生机。"

（师世平）

93．张连长"拜师"

2006年12月，一条"意见"让连长张道广很"受伤"："连长不喜欢打篮球，和我们玩不到一起。"

这让张连长十分委屈：自己并不是不会"玩"，自从到好八连任职后，都把主要精力放在如何抓训练上，过得几乎是"两眼一睁忙到熄灯"的日子，哪有时间"玩"呀！面对战士们的"意见"，刚当连长半年时间的张道广哭笑不得。

"现在的兵真不好带，连我不会打篮球也提意见。"一次，张连长和营教导员方春雷聊天时，诉说自己的"委屈"。

"我看战士提的意见不无道理。"本想得到教导员的理解和安慰，没想到方教导员接过话茬说，"你想想，基层带兵人整天要和战士打交道，战士的需求就是带兵人的需求，就是你努力的方向。战士逼你'玩'，就是让你拓展素质。"

听到这里，张连长豁然省悟，战士给连长提意见，说明自己这个连长的素质还不全面，要得到战士的认可，还得具备和兵"玩"到一块的素质才行。

从那以后，从来没碰过篮球的张道广不仅拜连队的篮球高手、营篮球队骨干王德玉和叶涛为师，而且还向其他战士不耻下问，时常利用业余时间与战士们一起切磋球技。他从最简单的拍球、运球、投篮开始，渐渐地可以与战士打全场了。2009年"八一"，张连长还带着连队篮球队，与兄弟单位打对抗赛呢。见此情景，战士们都高兴地说："连长走在前头、学在前头、练在前头，我们战士干起来才更有劲头。"

张连长不仅拜战士为"师"，而且还带着战士去"拜师"。一次，江苏路街道给正在海训的八连送来一台文艺节目，张连长发现不少战

162

士对一位白发老者吹奏的葫芦丝乐曲如痴如醉。海训归来，张连长多方打听，上门邀请这位民间艺术家周士南老人担任连队的"编外音乐老师"，周老得知后非常高兴地答应下来，并对张连长说："八连服务人民，我能服务八连，是我莫大的荣幸。"

通过一年多的学习，八连已有20多名官兵掌握了吹奏技巧。2009年10月26日，江苏路街道艺术节开幕，当近千名中外游客得知《金风吹来的时候》、《月光下的凤尾竹》等经典名曲，是好八连战士吹奏出来的，不少观众都赞叹道："霓虹灯下的新一代，不仅是多才多艺的新一代，而且还是综合素质全面的新一代！"

（师世平）

94. "苦脑"计划

2005年8月15日，对刘永康来说是个值得纪念的日子，他通过了上海市计算机初级应用等级考试，拿到了当兵以来的第一本证书。

小刘初中没毕业就外出打工，入伍后来到八连，他特别能吃苦、能战斗，连队无论是厕所堵塞还是下水道不通，这些苦活累活脏活，只要小刘知道了，他总是抢着干。

然而，连队组织电脑培训、开办各类学习班，他总是推托不参加。一次，连队上电脑课，小刘准备开溜时被连长彭瑞林抓个正着："小刘啊，你学了好几天电脑课，我看你只会开关机，说说你的想法。"看到连长问自己，小刘也毫不回避："连长，当兵就要搞训练，学电脑有什么用？我宁愿去跑个五公里，也不愿受这份罪。"

"未来战争是信息化战争，电脑操作是最基本的技能，现在是信息化时代，不懂信息化就是现代的'文盲'！"彭连长把小刘叫到自己房间里，手拿一本《现代军事高科技知识》边说边指给小刘看，经过一番教导，小刘也渐渐理解了连长的良苦用心，明白了作为新时期的军人，光有"苦身子"是不够的，还要"苦脑子"。从此他暗下决心：非攻下这个难关不可！

为了了解电脑的构造和硬件知识，小刘用打工时积攒的2000多元钱买了一台二手电脑，每次听完课总是拉着电脑老师问个没完，连队也给小刘开辟了"绿色通道"：午休时间和晚上熄灯后，小刘可以学电脑。小刘也很争气，有时实在困了就趴在桌上打个盹，凭着这种毅力，小刘在退伍前相继拿到了信息技术基础和办公自动化两本大红证书。

（师世平）

95．神奇的"笔记本"

战士闵宝川是连队公认的训练尖子，投弹、长跑、器械样样拿手。眼看团里就要组织军事运动会了，小闵却像"霜打的茄子——蔫了"，整天愁眉苦脸，训练积极性明显下降。连长找他谈心，他支支吾吾怎么也不肯说。

班里叽叽喳喳传开了，"是不是怕拿不到名次，故意装熊啊？""平时看他挺有能耐的，怎么到了关键时刻就掉链子！"……

听到这些议论，小闵苦不堪言：谁让这不争气的脚气又犯了呢？严重的脚气已经让小闵的脚趾开始溃烂。每次出操疼痛难忍，有时疼得双脚都迈不开步子。本想撑一撑，可是比武前夕，脚气反而更严重了，只好高挂"免战牌"。

一天训练归来，小闵惊喜地发现床上躺着一盒"达克宁"。小闵一阵感激，不禁疑惑起来：是谁知道我的秘密？四班长？不像。五班副？也不像。小闵将全排战友想了个遍，最终将目标锁定在排长陈晶平身上。

战友们也说，最近排长很神奇，什么事都瞒不过他。这事肯定和排长有关！

原来，大学生排长陈晶平初到连队，由于带兵经验不足，一度四处受挫。天性好强的他并不气馁，主动向连队干部学习经验，揣摩方法。为了熟悉每名战士的情况，他建立了一本"兵情日记"，把排里每位战士的兴趣爱好、性格特点、文化特长、家庭背景以及自己的带兵体会都写进了这本小小的笔记本里。

笔记本上密密麻麻地记录着全排战士的详细资料，也为他及时了解战士各种难题提供了"情报"资源，使工作更有针对性和主动性。2007年，陈晶平所带排先后有2名战士入党，1名战士被评为"感动团队十佳人物"，7名战士被评为训练标兵，6人受到嘉奖。

（孙　斌）

96．三个经理"回娘家"

"嘀嘀——"又是一个"八一节"，这天，连队门口突然驶来三辆小轿车，走下三位西装革履的年轻人。

"老班长！"不知谁眼尖兴奋地喊道。立即，数十名官兵围了上来。

黎邦刚，2003年二级士官退伍，现为安徽"芜湖饭店"经理。潘晓华，2003年义务兵退伍，现为江苏金坛水果批发公司销售经理。杨林，2005年义务兵退伍，现为四川省什邡市电脑销售公司经理。三人事业初成，都感恩连队的培育，约好在"八一"节"回娘家"看看。

看到昔日战友们在打篮球，三人立即参与进来。"老班长，好样的！"原来，在八连曾是艰苦奋斗标兵的黎邦刚竟然还穿着印有"南京路上好八连"字样的背心。

"连队艰苦奋斗的传统是个宝，丢不得啊！""要没有连队传统的熏陶，哪有我们今天的成就？""吃得苦中苦，才能过上好日子啊！"三位经理不约而同地感慨。球打得尽兴，比赛结束后的"茶话会"也开得畅快。

"老班长，你事业有成，感觉在连队学到的哪一点让你受益最深？"代理排长、一级士官邵明哲向潘晓华问道。

"艰苦奋斗的精神！退伍后，起初我是公司里的小业务员，为水果的进货经常起早贪黑。为了让新鲜水果及时运到公司，我和驾驶员吃睡都在车里，一年365天有300天都在外……"潘经理给大家回忆起创业之初的艰苦岁月，"不过，再辛苦我也不觉得苦。因为，八连的'三件宝'早就在我心里种下了奋斗的种子。"

潘经理的话一讲完，战士们情不自禁报以雷鸣般的掌声。

"老班长，你现在有车有房有资产，天天穿梭于灯红酒绿中，你的生活还能保持八连的俭朴作风吗？"来自四川宜宾的新战士陈元毅向黎邦刚抛出了质疑。

"我到现在还保持着在连队养成的好生活习惯，不仅吃喝应酬不铺张浪费，而且我还制定了一个店规，顾客来到店里，服务员都要善意地提醒顾客不要浪费，吃多少点多少；凡是吃不完的饭菜，我们都要求顾客打包带走。开始店里的员工还担心会影响生意，后来发现，生意不仅没受到影响，我们的做法反而受到顾客欢迎。"黎邦刚的回答，让大家都禁不住投去钦佩的目光。

"杨班长，你最想对我们说的是什么？"

"我要感谢连队，是连队让我从一名'电脑盲'成为了'电脑通'，退伍两年就以过硬的素质走上了销售经理的岗位。"杨林激动地说，"战友们！好好珍惜八连良好的成长环境吧！"

……

掌声不断，交流不断，新老兵的座谈也在对话中不断升温。

（戴升平）

97．李武斌传奇

"侬怎么搞的，不会理发来搞什么服务？"在南京路上八连的服务点前，一名中年男子拉着八连的一名列兵，走到镜子前，立马就跳了起来。在场的连队干部好言相劝，才稳住那位男子的情绪，一旁的老兵急忙邀请他重新理发，这才熄了中年男子的怒气，临走时那位男子还白了列兵一眼说："因为是好八连，阿拉才来。你这样的技术迟早要砸了这块牌子。"

这名列兵就是李武斌。虽然他退伍已经八年了，许多战士并不认识他，但小李从一名不会理发的战士经过八连培养，退伍后走上月收入上万元的首席美发师岗位，这一传奇故事在好八连广为流传。

2003 年 7 月，从浙江普陀入伍刚满半年的李武斌，被连队干部选进服务班，让他跟着一位老兵学理发。然而，在好八连，只掌握了简单的推、刮技术对于这位新兵来讲，还有一堵"墙"横在眼前。连队干部鼓励他，你是好八连的兵，相信你能学好。但第一次为民服务，小李就遭到了"呛"。那是 2004 年春节前夕，老兵带着小李刚到南京路的好八连为民服务点，一位 40 多岁的中年男子就凑了上来，要求剪头发。为了锻炼自己，小李毛遂自荐。在部队理惯了平头的小李，刚把推子搭上，手就开始不听使唤，越紧张手越抖。于是出现了文中开头的一幕。

初战失利的李武斌，打那以后把业余时间全都用到学理发的技巧上。那天，外出办事的小李路过一家美发造型厅，隔着落地玻璃小李看呆了，那些美发师理起发来手法娴熟，吹、拉、烫、剪、修让小李眼花缭乱。当即，他把准备买日用品的 200 元钱到新华书店换成了《美发指南》、《发型汇》等书籍，白天他坚持训练，晚上加班加点看书学习。学习的目的是实践，可部队战士清一色的平头，聪明的李武斌就利用每月一次的为民服务机会，不断提高自己的美发技术，他甚至还给一些上了年纪的阿婆设计出新发型，受到群众的爱戴。

　　天道酬勤。2004年12月李武斌退伍后，在参加青浦区一家大型美发基地的招聘会中，从300多名应聘者中脱颖而出，老板看中小李的从军经历，一开始就让他当领班。如今，已是这家美发基地首席美发师的李武斌说："在好八连当兵的两年里，积累了同龄人没有的经历，磨炼了意志，更明白了人生的价值，是八连培养了我。"

（师世平）

98．梦圆"网页设计"

"我们连队开设了网页设计培训班，我的梦想终于可以实现了！"2008 年 7 月的一天，八连的"电脑高手"华亮亮在电话里向女朋友报喜。

2006 年 8 月，为了提升官兵素质，八连开办了电脑培训班，每年都有部分官兵拿到上海市计算机应用证书。随着一大批 90 后新战士走进好八连，八连的电脑学习班出现了很多新变化：80% 的新战士都是带着计算机应用证书入伍的，还有 6 名战士甚至拿到了计算机应用中级以上证书。电脑学习班里，新战士的身影很少。空闲时，连队干部发现，玩游戏的人多了，学电脑的人少了。

2008 年 6 月，指导员黄森在网上"连心箱"收到了一名署名"动漫战士"的留言："指导员，都什么年代了，连队还在学计算机初级应用。现在社会上流行的是网页设计师、动漫制作师，我们连队可不能落后形势啊！"

网友的留言让黄指导员思考了许多：是啊，连队组织计算机学习，不是 Word、Exel 的使用，就是练打字、学基础，这些东西在前几年官兵接触不多，但现在入伍的战士早在中学时就已经学过了。学电脑怎么能年年都上"一年级"、天天学"初级"呢？

随即，黄指导员就召集连队党支部研究电脑学习班改革方案。经过一个多月的研究和联系，连队与上海市工艺美术职业学校联合开办了"网页设计师培训班"。49 名官兵成为第一期学员。网页设计师培训班主要学习电脑平面设计、动画、动漫和网页制作，考试合格后由全国动漫基地颁发全国通用技术证书。

"网页设计培训班"开班后，八连官兵学电脑的热情很高。玩游戏、看电视的少了，越来越多的官兵参加到学网页、学动漫的活动中，一股网页设计热正在八连兴起。

（丁绍学）

99．学院挑中他

2005 年 12 月初，正当退伍战士告别军营之时。江苏泰兴籍退伍战士庄伟，却被上海市工商管理学院的一纸聘书留了下来，成为该学院培训科的一名军事教员。一位普通的退伍战士被大学相中，这事儿如果在其他连队可能是挺稀罕的，但在八连却绝非仅有。

上海市工商管理学院是市工商系统培训干部的专门院校。该学院主要承担新录用的公务员、军转干部、在职干部的学习培训任务。2005 年年底，学院准备招收一批军事教员，要求报考对象必须具备三个条件：一是要在部队战斗班排当过骨干；二是必须接受学院文化知识的测试考核；三是队列、体能、格斗等军事基本技能要达到全优。

这个招聘信息公布后，立即引来了驻沪部队和社会上近百名报考者。其中既有上海市本地近年来的复退军人，也有外地的退伍战士；既有驻沪海陆空、武警部队即将退伍的战士，也有地方保安学校的毕业学员。而 6 个用人岗位，也使这场招聘会成为一场竞争激烈的"龙虎斗"。

副班长庄伟在连队干部的鼓励下，也报名参加了应聘。为了成功应聘，连队专门利用一周时间，对他进行强化训练。11 月中旬，庄伟满怀信心地走进了工商管理学院的考核场。文化考试，他全力以赴取得第 7 名；军事技能，他不负众望勇夺亚军；现场答辩，他沉着冷静一举过关。最后，庄伟以总分第二的优异成绩，被工商管理学院录用。

拿到烫金的聘书，庄伟深有感触地说："我今天能够幸运地被大学录用，离不开八连的锻造培养，离不开战友的真心帮助，特别是八连

173

干部关心战士的长远发展，更让我们感到'好八连'这所'学校'育人成才的独特魅力。"

　　走上新的岗位后，庄伟发扬八连的优良传统，虚心学习、努力工作、大胆管理，很快赢得师生们的一致好评。到学校的第二年，庄伟就被学院评为优秀党员和先进工作者。

（范方河）

第五部分……为民服务篇

100．喜获新生的嫁妆

2011 年，盛夏的一个午后。这天，八连官兵照例来到南京路开展为民服务。

"小伙子，我家一台缝纫机坏了，能不能过去帮我看看？"正忙于缝补一双脱线皮鞋的战士张文涛，闻言抬起头，见到一位满头银发的老奶奶正一脸期待地望着他。

一般来说，受人员和时间限制，八连都是在为民服务点提供服务。如果同意，服务点人手少走不开，倘若拒绝，又必然会伤了老人的感情。望着慈祥的老人，张文涛犯难了。

"这样吧，您先在一旁休息，我这边忙完了就跟您过去瞧瞧！"张文涛看今天服务点工作快结束了，便给老人搬过一把凳子，打算一会儿再随老人上门服务。"谢谢，谢谢侬！"看到小伙子如此热情，老人连声道谢，脸上绽满笑容。

忙完手头活后，张文涛与战友们打过招呼，便与老人走进临近的小区。在路上，老人介绍，过去上海人结婚流行缝纫机、自行车、手表这"三大件"，而这台缝纫机就是她当年的嫁妆，因时日长久，已生故障多年，但因颇具纪念价值，所以老人一直舍不得丢。这次，看到八连官兵在为过往群众热情服务，老人心头萌生一丝希望。

在老人家里，张文涛见到了那台历史味道浓郁的"蝴蝶牌"缝纫机，部分轴承已生锈，零件接口处满是灰尘，试着旋动缝纫机转轮只觉无比生硬。张文涛先给各个轴承上了油，又仔细用毛刷将各关节处的灰尘刷干净，并更换了一些生锈损坏的零部件，一番动作下来，半个多钟头过去了。房间里虽有空调，但他全身仍湿透。

"您现在试试看！"老人轻踩脚踏，只听缝纫机又发出轻快的嗒嗒声。"小伙子，太棒了！"高兴不已的老人拉着小张，非要留他吃饭，见他不允，又要塞给小张 100 元，仍被小张拒绝。

"我是八连的兵，为群众服务是我的份内事！"谢绝老人的好意，张文涛郑重地敬了一个军礼，然后转身离去。望着小张的身影，老人心头又涌起那熟悉的诗词：为人民，几十年，因此叫，好八连……

（缪爱军）

101. 沂蒙山飞来的千纸鹤

"解放军叔叔好，您给我寄的钱已经收到了，由于您的资助，我即将圆满完成小学学业，在这里，我要由衷地对您说声：谢谢……"2012年6月12日，一封来自山东沂蒙老区的信件让八连官兵无比高兴。信的主人是山东省沂水县龙家圈镇柴山乡第二小学的杜依萍。据了解，小杜从小学一年级开始，每年都给八连官兵来信，并在信件中附一只她亲手折的千纸鹤。

永葆为民本色，传播精神文明，是八连官兵几十年来一以贯之的宗旨。1992年，连队官兵从报纸上得知，山东沂蒙老区一些学生因贫困面临失学危险。"一方有难，八方支援。"想起老区孩子渴望求学的眼神，无需动员，官兵们纷纷慷慨解囊，很快，一张寄托八连官兵对老区孩子关心的汇款单飞向沂蒙山区。

"世上事，贵有恒"，从上世纪末到现在，八连官兵爱心接力，每年资助15名贫困学生，迄今已有20年，就在2012年3月，他们刚刚又为老区孩子捐了3000元。

"在我最失望的时候，在我最无助的时候，是你们向我伸出了援助之手，我向你们表示衷心的感谢……"五年级学生张研的心声令人心酸。"我要听老师的话，努力学习，将来像叔叔们一样，做一个对社会有用的人……"由孤儿李兴隆爷爷代笔的信件让官兵们感到几许宽慰。

感受着这些稚嫩且真挚的心声，看着孩子们亲手折叠的一只只千纸鹤，官兵们暗下决心，一定要将爱心传承下去，让它温暖更多的人。

（缪爱军）

102．献血17000毫升

2012年6月14日是第9个"世界献血日"。这天，八连积极联系地方医疗机构，把无偿献血车开进军营，组织官兵开展无偿献血活动，以自己的实际行动践行"为人民、几十年"的诺言。

入夏以来，伴随着各种疾病的增多，上海各大医院用血量剧增。为积极响应上海"我献血、我快乐"的号召，八连积极联系驻地解放军血站，组织官兵无偿献血。在连队营房前，官兵们严格遵守献血秩序，按照医务人员的要求认真填表、验血、抽血，用自己的热血向第二故乡奉献爱心。看到自己的血液一滴滴流进血袋，上士班长彭勇激动地说："无偿献血是一项造福人民的公益举措，能用自己的热血帮助那些急需帮助的人，是我们青年官兵的荣幸，也是作为一名军人义不容辞的责任。"

据血站工作人员统计，此次无偿献血活动共有80多名官兵参与，共捐献血液近17000毫升，这也是八连官兵连续第12年组织无偿献血，有效地缓解了驻地血站的用血压力，受到血站工作人员的一致好评。

（王　骞）

103．一辆电动自助车

患小儿麻痹症的胡红根，生活困难。八连官兵几十年如一日精心照料他的事迹，早已传为美谈。以前的他叫连队官兵叔叔，现在的连队官兵喊他叔叔。

2011年6月10号是八连"为民服务班"去南京路为民服务的日子，那天官兵们正在新世界门口进行着服务。8点多钟的时候，突然听到了一个很是熟悉的声音，在叫"赵占峰"的名字，小赵抬头一看，发现是老胡从闸北的家里自己开着电动轮椅来服务点看八连的亲人。老胡脸上绽放出灿烂的笑容说："看我怎么样，自己开过来的，可以吧？"

当时赵占峰感到又惊又喜，老胡竟然能自己出来玩了。他还清楚地记得在2010年老胡的状况可不是这样的。在世博会那年夏天，连队所有官兵都去安检口执勤去了，家里就只剩下小赵一人为连队值日。上午8点多钟，小赵突然听到连部的电话铃响了，电话那头，老胡声音微弱，说："快要不行了，浑身发麻，"小赵一边让老胡别急，一边给指导员打电话报告情况。很快连队就派副连长、司务长、小赵三人一起去了老胡家，当即把老胡送到了医院，医生说是神经性脑梗塞发作。

当老胡得知病情以后，闷闷不乐，心情沉重，也不讲话。为了使老胡重新燃起对生活的希望和信心，小赵每周都去老胡家两次，每次去都给他带上一些营养品和水果，给他洗澡，陪他聊天，讲自己最近的所见所闻，把遇到的开心事和老胡分享，推他出去散心，呼吸新鲜空气。为了让胡红根生活更方便、更美好。全连官兵还自发捐款8000多元购置了一辆颇具科技含量的电动自助车。

从此，每逢八连为民服务日，胡红根便会自己开着自助车从闸北的家里，赶到服务点看望官兵们。逢年过节，八连都会把老胡接到连队和大家一起热闹。胡红根常说："没有八连，我就活不到现在。"

（杨　利）

104．19000元捐款

胡红根是个残疾人，每个月仅靠低保维持生活，且疾病缠身，生活十分拮据。2011年，八连官兵自发捐款3万多元资助胡红根。文书雷德亮一个人就捐了19000元钱，令人为之侧目。

连队战士都知道，雷德亮平时省吃俭用，家庭条件也不是十分富裕，而且他的父亲又在2010年因病去世，他哪里来的这么一大笔钱?

话还得从头说起，2010年，上海世博会即将开幕，正处试运行期间。一天，雷德亮突然接到姐姐沙哑着嗓音打来的电话："亮子啊，我是姐，爸住院了，医院说恐怕老人家时间不久了……"

雷德亮顿时头晕目眩，他怎么都不愿相信父亲病重的事实。他后来回忆说："自己当时真的就想，马上冲去连部请假，脱了安保服，立刻奔回老家。"可是，当他走到指导员房门口时，他想到了世博安保任务，连队官兵定人定岗，一个萝卜一个坑，自己走了，任务可能就要耽搁。他改变了主意，又悄悄回到了安保岗位上，对谁都没有提起家里的困难。

直到有一天，他父亲的病危通知书发到了连部。了解情况后，连长张道广立刻向团机关打报告为雷德亮请假，指导员黄森发动全连官兵为他捐款。

雷德亮永远都不会忘记，离队的那天，是连长亲手将假条和回家的车票交到他手里，然后指导员又亲手将2万元捐款交到他手里的，那天他泪流不止。等他回到家里时，父亲已经去世，雷德亮没有见到父亲最后一面，和家人一起料理完父亲的后事，他就匆匆回到了连队。

为胡红根捐款时，雷德亮对全连官兵讲出了自己的心里话："没有见到父亲最后一面，我心里面很愧疚，有时候做梦都难过。可是想起还有连队和战友们，自己心里就会好过些，我不后悔。大家捐给我的 2 万块钱，料理父亲丧事花了 1 千块，剩下的 1 万 9 千块钱我一直都存着，今天我拿出来捐给比我更需要用钱的老胡。"这就是文书雷德亮，爱心接力，薪火相传的故事，在好八连还有很多很多。

（杨　利）

105. "群众有难，该出手时就出手"

当今，公民道德建设备受关注，"小悦悦"、"假摔门"等事件一次次拷问人们的公德心。"遇到困难还能不能帮？"面对此类疑问，八连官兵给出了有力回答。

2011年7月，八连班长曹俊和新兵张文涛在南京路为民服务返回时，见到路边站满了人。走近一看，原来是一位老太太倒在地上，老人面色苍白，呼吸急促，四周挤满了围观的人，但却没有一人走上前帮助。

曹俊和张文涛见状，二话不说，走上前扶起老人，并将老人背起准备送往医院。"小伙子，担心骗子，你不要惹火上身！"一位中年人拉住曹俊，"好心"地提醒道。"别人有难，该出手时就出手，哪有那么多讲究！"曹俊和张文涛撂下句话，便背着老人向医院跑去。

"幸好抢救及时，再晚一点就危险了。"医生的话让曹俊松了口气，在帮老人垫付了手术费并通知好家人后，曹俊带着小张悄悄地离开。"小伙子，万一老人抢救不过来，人家讹你怎么办？"面对围观群众的疑问，小曹回答："我们是八连的战士，像雷锋那样，为群众解忧帮困是我们的天职！"

"人间自有真情在！""还是解放军最可亲！"小曹的话语赢得群众热烈的掌声。

（缪爱军）

106. "雷锋复活了"

　　2011年10月5日，农历九月初九，中国传统佳节——重阳节。重阳节又称"老人节"，那天云中居委会的孤寡老人张阿婆、董阿婆高兴极了。因为这个"老人节"，有八连官兵陪着过，她们一点都不孤单。

　　一大早，八连指导员闫永祥就带着连队几名战士来到了敬老院，他们不仅带来了重阳糕给阿婆们吃，还从居委会借来了轮椅，准备推着老阿婆到街上走走看看，陪老人们度过一个有意义的重阳佳节。

　　指导员和战士们推着老人们首先来到了南京路，看着南京路上的高楼大厦，看着川流不息的人流，看着商场里琳琅满目的商品，老人们一路上笑得嘴都合不拢，还一个劲地说："共产党好、解放军好、好八连好！"

　　那天，穿着军装推着老人的八连官兵简直成了南京路上一道风景，引来无数路人驻足观看。在上海第一百货的垂直升降电梯里，一名中年人忍不住问闫永祥，"你们是好八连的吧！"张阿婆开心地说："是啊，好八连来人陪我们过节了啊！"

　　逛完南京路，在前往淮海路的地铁站台，碰到了一些其他由子女推着逛街的老人们。孤老们和那些老人们开心地交流着，都感到前所未有的幸福。这时一名中年男子突然大叫起来："雷锋又复活了！雷锋又复活了！"

（杨　利）

107．"抠门兵"捐款

2011年2月底，总政政工网和军区政工网同时发布这样一条消息：福建省军区海防某团新战士李蒙蒙的妹妹李梦想，一位年仅12岁的花季女孩，独自在新疆伊犁的家中烧火取暖时，因一氧化碳中毒摔在煤炭上，导致全身烧伤面积40%。虽经抢救，李梦想奇迹般地苏醒过来。但高额的植皮手术费用，让这个农民家庭陷入了绝境。

"战友的亲人就是我们的亲人！"当八连指导员闫永祥心情沉痛地向官兵传达这一不幸信息时，大家一致表示一定要帮助这位花季少女重获新生。

上等兵闻阳一下子把自己两个月的津贴费1200元捐了出来，大家都很吃惊，因为大家都知道这名同志平时生活是节俭再节俭，是有名的"铁公鸡"，没想到这次却如此慷慨。战友们问他原因，他淡淡地一笑，然后说道："当兵到部队，服役在八连，两年来，我真正体会到了，相比盲目消费带来的刺激，勤俭节约帮助他人获得的快乐是真正持久和真实的。"

就这样，大家你10元，我100元，最后共捐得善款12910元，并在第一时间汇给军区政工网为李梦想建立的"爱心账号"，同时拨通"爱心热线"，并转达了全连官兵的问候。与此同时，八连官兵还纷纷在政工网上发帖留言，表达祝福心声，号召官兵们共同为拯救战友亲人出力。

（缪爱军、杨　利）

108. 对 表

"好八连，天下传"，为弘扬八连事迹，传承八连精神，上海市教育部门在改编教学内容时，将八连故事收录进小学课本。

2011年5月的一天，八连迎来了一批特殊的客人，他们是长宁区娄山小学的老师带着5名学生代表，到八连参观，将课本中的八连与现实中的八连"对表"。

学习连史，参观班排，展开座谈，军营一日对于小朋友们来说，是那样的短暂。在与八连战士座谈时，学生们谈了共同的体会，那就是对连队"节约一滴水、一粒米、一度电、一分钱、一张纸"的做法深受触动，并且联系实际，向战士们请教"怎样把零花钱用好"、"如何养成勤俭节约、艰苦奋斗的好习惯"等问题。

为增强主观感受，几天后的"为民服务日"，学生们又跟着来到南京路为民服务点，他们跟着战士一起为过往群众服务，和战士们一道到云中居委会，看望4名生活艰难的孤老，抢着打扫卫生，并用节省下来的零花钱为老人添置生活用品。

"在社会主流意识受到冲击的背景下，组织学生到八连参观学习，对帮助他们培育尊敬老人、勤俭朴素等主流价值观很有帮助"，谈及参观八连的收获，娄山小学的老师如是说。

（缪爱军）

109．"师傅"的那双手

2011 年新兵下连后，张文涛很荣幸地被分到了连队"为民服务班"，在这个班每个人都至少精通一项服务技能。从那时起，他就拜了一个师父——上等兵赵剑。他的服务项目是补鞋，一开始他认为补鞋很简单，没必要搞得这么正规，还要拜师学艺。但后来发生的许多事却让他对这个班，对为民服务，对自己师父的印象发生了彻底改变。

一天早上，为民服务班像往常一样，五点钟就起床，拿好服务工具直奔南京路。那里已经有许多人在排队了，他们急忙摆设好场地开始服务。一个上午，每个人都没有停过手中的活，汗水湿透了全身。也就在这个时候，拥挤的人群将补鞋的专用胶碰倒了，一下子都撒到了赵剑的双手上，他先是停顿了一下，皱了皱眉头，继续完成手中未补完的鞋子。事后，赵剑告诉小张，这补鞋的专用胶黏力十分强，弄到手上火辣辣的疼，而且很难清洗，每次都必须用小刀一点点去刮除。

从那时开始，张文涛就十分注意师父的那双手。其中一个横穿整个手掌的伤疤最让他记忆深刻，记得那次赵剑不小心把手弄伤，鲜血直流。等待服务的群众看见后都表示不用再补鞋了。但师父只是简单地将受伤的手包扎了一下，立刻又叫回准备离开的群众，并安慰他们说："这点伤算什么，我们八连人不会因为一点疼痛而放弃自己的任务。"话虽这么说，但鲜血还是染红了绷带，染红了鞋子。这鲜血也染红了在场每个人的心灵，不少人啧啧赞叹道："南京路上好八连就是好样的！"赵剑手上那条横穿整个手掌的伤疤，不仅是记忆深处的烙痕，更是一条连接军民团结的桥梁，它是军民鱼水情最好的见证。

（缪爱军）

110. "骆驼祥子"

　　"理发箱，补鞋箱，木工箱，缝纫机"，是连队为民服务的传统课目。作为补鞋箱第36代传人，张文涛的补鞋技术堪称一流，同时，因为补鞋时需长时间的埋首弯腰，故大家又亲切地笑侃他为"骆驼祥子"。

　　2011年8月10日，又是一个为民服务日。一大早，张文涛就和战友们来到南京路，刚摆开工具箱，就接到第一笔"买卖"。"小伙子，麻烦帮我补补鞋"，一位中年妇女手中提着5双鞋，站在摊位前。

　　"好咧！"张文涛二话不说，将5双鞋的毛病分别诊断清楚，便埋下头去上胶水，缝线。正是一年中最热的时候，很快，他就满头大汗，但因为手中沾有502胶水，不便擦汗，他只能不时在袖子上擦脸。

　　"请问，这双鞋能补吗？"刚刚将5双鞋补好，还来不及喝口水擦把汗，等待一旁的一位老大爷又递来一双满是灰尘的皮鞋。单看样式和牌子，就知道这双鞋已经是"古董"级。尽管因长时间弯腰，脖子和腰都有些酸痛，但他仍爽快地接了过来。旧鞋传来一阵阵酸臭令人作呕，但张文涛仍耐心地用抹布清洁鞋面，再将风干的胶水刮去，重新上胶缝线。"好了！"当老人接过焕然一新的皮鞋时，不禁连声道谢。

　　虽然满手都是胶水，衣服早已湿透，但鞋摊前仍有等待补鞋的群众。"基本上，每次服务都不得闲，从头到尾都是低着头忙着修鞋"，战友们谈到张文涛，都说他"骆驼祥子"的称号是实至名归。

　　"作为补鞋箱的传人，继承好连队传统精神，用好补鞋箱服务人民，是我应尽的职责！"清理着手掌上被502胶水腐蚀的死皮，张文涛仍一脸阳光，"我是祥子，我骄傲！"

（缪爱军）

111．热心的副连长

2010 年 10 月 30 日，举世瞩目的世博盛会就要落下帷幕，八连官兵像往常一样在高雄路安检口执勤。6 号安检通道是无障碍通道，过往的大部分游客都是残疾人、老年人、孕妇等，因为通道的突发情况最多，所以副连长周刚就主动申请在这个通道负责安检。

9 点钟一到，一批批游客像潮水一般涌了过来。为了赶第一批次入园参观，游客们都显得特别地着急。刚刚开始安检不久，周刚转身发现有一个八九岁的孩子一直在验票机后面望着他，似乎想对他说点什么。经过了解之后，周刚才知道这个孩子和他的父母走散了，只好来找这位曾经帮过他的叔叔。

原来，昨天这个孩子就和他的妈妈一起来过世博园了，昨天是周刚想了很多办法帮他们解决了门票的问题，才没让他们白跑一趟。再次见到小朋友，周刚一点也没有乱阵脚，他回想着似乎昨天那小孩的母亲在去找票务中心的时候打过自己的电话，于是，翻开通话记录找起了那个号码。"还好没删！"周刚高兴地喊了出来。经过一段时间的联系之后，周刚亲自把这个孩子送到他父母面前，孩子的父亲激动不已，一个劲地说，"谢谢！谢谢！"，并从包里拿出钱来酬谢副连长，但周副连长婉言谢绝了孩子父亲的好意，而是微笑地说："这样做都是应该的！"

（王骞）

112．胡红根和世博有个约定

　　八连战士郭生川，在照顾胡红根一年多的时间里，跟他结下了深厚的感情。老胡虽然行动不便，但是很健谈，他知道连队在世博园区担负安检执勤任务，所以经常向小郭打听世博会的情况，"最近游客很多吧，我在电视上还看到你们了呢。"老胡这话匣子一打开就停不下来，兴奋得像个孩子。

　　一天，小郭带着连队的嘱托来到了老胡家，一进门他就很严肃地说："老胡啊！连队知道你早就对世博会期待已久了，今天特意让我转告你，连队决定7月4日陪你游览世博园。"老胡听后高兴得合不拢嘴，激动得差点站起来。自从和老胡有了这个约定，老胡可是隔三差五发短信问小郭："在世博园安检累不累啊，听说园区晚上可漂亮了，每天我都看新闻和报纸了解相关知识呢，去了可得让我多拍几张照片啊"。不久，老胡却由于脊椎压迫神经住进了医院，听到这个消息后，郭生川急忙请假去照顾他。在回来的路上，收到了老胡的短信："自己老啦，哎！我现在这个样子，活着有什么意思啊！"收到这个消息后，小郭心急如焚，心想一定要让老胡在世博园里找回生活的自信和勇气。马上回复短信给他："老胡还记得我们的约定吗？你还没有逛世博园呢，马上就梦想成真了啊！"过了许久，老胡回复了："嗯，我等着你们！"读完短信后小郭才松了口气。

　　约定的日期到了，一大早班长李兵和郭生川就赶到老胡家，帮他洗漱，准备好看世博的物品。9点他们顺利通过安检进入园区，老胡虽然刚出院，但精神头还不错，一进园就东瞅瞅西看看，活像刘姥姥进了大观园一样。中国馆、沙特馆、英国馆……老胡竟然对这些场馆如数家珍，滔滔不绝地给小李和小郭当起了讲解员，当他们走进"生命阳光馆"时，老胡在"关爱的阳光照亮每一个残疾人的心灵和'城市，让残疾人生活更美好'"的展区前停了下来，一张张关爱残疾人的图片和一个个助残、爱残的小故事把老胡吸引住了，老胡渐渐陷入了沉思……

在离开的时候，老胡把小郭叫过去了，小声地对他说："谢谢你们陪我看世博，园区真漂亮，我都看不够啊，看到刚才的那些故事，我觉得自己比他们幸福多了。谢谢你们给了我活下去的勇气和信心，下次还能来看世博会吗？"郭生川立即回答道："能！下次我还陪你来"。郭生川知道以前那个活泼开朗的老胡又回来了。

（张宁峰）

193

113．我陪孤老看世博

2010年6月的一天上午，世博园内，一个战士推着一个坐轮椅的老人畅游在浦西各场馆之间。推轮椅的人叫吴贤圣，是八连的新兵，而轮椅上坐着的是一位年过七旬的孤老，脸上洋溢着幸福的微笑。

提起他们的相识还要追溯到5月份，警备区举办"南京路上好八连"与第五干休所孤老的结对认亲活动。这位孤老是一位老红军，名叫朱增，自1948年入伍到1985年退役，是一名测绘专业的高级工程师，平时爱好书法绘画，每天还坚持去老年大学学习电脑，这种不服输、不服老的倔劲，就给吴贤圣留下了深刻的印象，他俩也结成了对子。

天上下着小雨，他推着坐着轮椅的老人，撑着雨伞，缓慢地走着。他们一边走一边聊，聊她当兵时候的苦，聊她当兵时候的乐，当然也聊当前部队里的各种情况。"你们现在很好啊，特别是你们八连的兵，是真好！"她用慈祥平和的语气对他说。在航空馆门口排队的时候，她又与身后排队的与她年龄相仿的老人们说道："他是南京路上好八连的战士，今天特意抽空来陪我逛逛世博园，他们这帮小伙子真好。"

老人退休后享受的是副师级待遇，月退休金有七八千，而有着这样优越生活条件的老人却几次婉言谢绝他为她买一瓶饮料，渴了就用杯子在园区里接水喝。老人说："现在生活条件好了，但是我们不能忘了过去的苦日子，都要学会过好日子，还是要艰苦奋斗，忆苦思甜啊！"一句话，让吴贤圣由衷地佩服老人。

晚上，吴贤圣躺在床上久久不能入睡，朱老的一言一行不断地出现在他的脑海中，使他感动，催人奋进！

（张宁峰）

114．亲情剪不断

"莫道无子苦黄连，解放前后两重天。老人感谢好儿女，南京路上好八连。茫茫江水向东流，亲人情意记心头。嘘寒问暖到病榻，残身此处复何求……"这是云中居委会 30 位孤老把对八连官兵的真情感言编成古老的《马灯调》。

1982 年 4 月，八连与上海市黄浦区云中居委会的 30 多位孤老"攀"上了亲。

从此，八连官兵承担起照顾孤老的义务。

30 多年来，八连官兵一直心系孤老，爱心接力棒代代相传。每逢休息日和节假日，他们都来到孤老家打扫卫生、拆洗被褥，与老人拉家常；每逢传统节日，官兵还会把老人们接到连队，共度节日；每年春节，他们都陪孤老守岁，看春节联欢晚会。

一次，连队意见箱收到了一封建议：连队任务转换，事情很多，和这些年老体弱的老人打交道费精力太多，再说现在的社会福利制度逐步健全，老人们的生活都有了保障。八连应该多和一些科研单位、经济实力强的企业攀亲，这样才有利于连队的发展。同时，练好手中本领，增强打赢能力，也是更好地为人民服务。这条建议得到了部分连队战士的赞同。

但连队党支部认为：构建和谐社会，是军人义不容辞的责任，是体现我军宗旨的实际行动。社会上的孤老虽然条件有了改善，但八连爱人民的这情不能断，不仅要坚持，还要做得更好。

家住钦州南路的盛行老人，患有严重的关节炎，遇上阴天下雨，站都站不起来，战士邵明哲主动和她认了亲。

一次，在外面驻训 3 个多月的邵明哲回到连队后，放下手中的背包，来不及洗去身上的灰尘，就急急忙忙跑到炊事班包起了盛奶奶最爱吃的羊肉水饺。当小邵端着热气腾腾的饺子来到老人家时，盛奶奶正躺在床上，看到小邵眼泪一下子就流了下来。

2007年8月，八连远赴安徽三界驻训期间，盛奶奶不幸去世。在她弥留之际，老人还拉着居委会干部的手，颤抖地说："感谢好八连，感谢解放军。要在旧社会早就没人管我了，还是共产党好、解放军好……"

（张宁峰）

115．吴仁宝送"宝"

2006 年 8 月 23 日，八连迎来一位年逾古稀，却仍然声若洪钟的老人。他，就是大名鼎鼎的华西村前党支部书记——吴仁宝。这一天，吴老带着华西村的中层干部来到"好八连"参观座谈。

"现在，我们华西村民正在筹建一幢包含医疗、教育、安全、政务服务等多种职能的综合高层大厦，像东方明珠在上海一样，让它成为我们华西的标志性建筑。"老书记快人快语的爽朗性格给官兵们留下了深刻的第一印象。

走进连史馆，看着三代领导核心和胡主席的照片，吴老倍感亲切，他握着指导员黄森的手说："我是华西村党支部的老书记，你是八连的党支部书记，咱们是同行啊。"老书记一句"同行"拉近了和八连的距离。

"吴老，您带领华西人创造了一个又一个的经济奇迹，作为金牌华西的'掌门人'，您有什么心得呢？"黄指导员虚心请教。

"你们是现代化的连队，我们是社会主义新农村。八连能够闻名天下，华西能够在改革开放中实现迅速崛起，根子上靠的就是党解放思想、实事求是的思想路线和与时俱进的改革举措。"老书记打开了话匣子："30 年前，我们华西村人均年收入还在 200 元以下，现在一跃成为'中国第一村'，从家庭联产承包责任制到土地的盘活转租，再到现代企业制度建立，靠的就是党 30 年来不断深入改革的政策保障。"

"是啊，八连的成长也是党精心培养的结果。我们过去'天下传'靠的是'意志坚'，现在继续创造光荣更需要我们'意志坚'，只有铁心跟党走，不断用党的创新理论武装头脑才能跟上时代前进的步伐。"黄指导员接过了话茬儿。

　　"实现连队的可持续发展，承担起完成多样化军事任务的重担，更需要我们按照科学发展观的要求建连育人，把各项军事斗争准备工作落到实处。"张道广连长也颇有同感。

　　"你们要管出战斗力，我们要管出生产力，管理还要在精细化上做文章。"吴老又向官兵们介绍起来："比如我们华西实行了指纹打卡制度，把每名员工的出工信息及生理指纹输入随身磁卡，员工上班、离岗情况企业主管在网上能一点就知……"随着和吴老交流的逐步深入，一个个精辟的见解像火种点燃了官兵们心中的明灯。

（徐海滨）

116. "追梦"三十年

"他，30 年前被八连的服务感动；他，30 年来追逐'为民服务'理想，倾注一腔热血；他，30 年后又回八连重寻往日感动。"他就是上海电视台《生活时尚》频道《十字街头》栏目宣传的"爱民模范"、上海市民鲁协。

那是 1978 年的一个冬天，路过南京路的鲁协看到一群年轻的士兵正在为来来往往的群众开展助民活动，一个老大爷对他说："年轻人，这就是霓虹灯下的哨兵，他们个个都是好样儿的，我们都要向他们学习。"听着过往群众的赞叹，看着八连战士专注的表情，鲁协内心受到了震撼，"我也要像八连战士一样，做一个乐于奉献、品德高尚的人。"从那时起，鲁协下定了学八连的决心。他自学了修理自行车、理发、修理收音机的技术，不管刮风下雨每周都要在附近的社区服务一次。

然而，"追梦"的过程并不总是充满阳光和花环。"当真正从事起这个活动后，才知道坚持下去是多么的不容易。有的人不理解，认为我别有所图；有的服务对象比较挑剔，付出了还得不到人家的认可。"老鲁回忆起自己的服务历程，感慨颇多。

"有一次，我在天目西路的苑北小区义务理发，一位中年人接受了服务之后，不是很满意，临走时还说'就这个理发水平，我还不如去理发店'，当时听得心里凉了半截，真想收手不干了。"

但八连那面"为人民，几十年"大旗的力量，最终鼓舞着鲁协坚持了下来。通过不懈努力，鲁协的服务得到了越来越多人的认可，而老鲁心中的八连情结也越来越重。

2008 年 7 月 9 日，《十字街头》栏目组专门为鲁协摄制了一个专题片，播出后引起较大反响。面对群众给予他的赞誉，鲁协第一件事就是赶到八连，向八连道谢。

　　30年过去了，当年满头黑发的年轻人已成了头发花白的退休工人。八连的官兵也换了一茬又一茬，但爱民为民的共同心愿，使一个普通市民和一个英模连队在 30 年后不期而遇。

（徐海滨）

117．20分钟的学问

"上海铁路南站建设到了关键时期，工地上出现了一块'硬骨头'，谁敢带队去啃？"2005年11月，八连召开紧急会议。连长彭瑞林神情严肃地扫视着各班班长。

滕远建当仁不让，在众多的竞争者中将任务"抢"到手。当他带着战士们赶到工地一看，顿时紧张起来。原来他们要担任的是一个"不可能完成"的任务：10个人要把近5吨的钢管从15米深的地下运送到地面。正当他们不知从何下手之时，市政一公司第三施工大队的十几名建筑工人也受领了"等量"任务。滕远建站在钢架上进行了现场鼓动："人家地方施工队人数和咱们差不多，任务比咱们还重，大家可要发挥战斗精神，把力气都使出来，一定要比过他们，为好八连争光！"一席话说得战士们摩拳擦掌、跃跃欲试。

工地上，战士们拼尽全力，累了就打个盹儿，饿了就啃口面包，滕远建以身作则，战士们也争先恐后。两天后，当他们把这块"硬骨头"啃下来，正想庆祝时，这才发现第三大队早在20分钟前就已"鸣锣收工"。

滕远建垂头丧气地回到连队，一五一十地作了汇报。

这次"失利"引起了连队干部的反思，为什么同样的人数、同样的任务，战士们也拼尽了全力，还输给了人家。为了拉直这个问号，八连特意请来第三大队的负责人为官兵们解答。"我们的目标就是效益至上，根据工作量和劳动强度合理分工，不打疲劳战，让每名员工始终保持旺盛的工作激情和充沛的体力。"八连官兵不仅拉直了心中的问号，还受到了启发。

他山之石，可以攻玉。八连官兵们认识到，工地和训练场在某些方面是相通的。施工讲究质量和速度，训练也要讲究时间和效率。很多时候，训练场上官兵们不缺训练热情，但对训练效益考虑得不够，要想优质高效地完成训练任务，就要从科学统筹、珍惜兵力入手，让官兵们的每一滴汗水产生最大效益。

为了亲身感受地方施工队伍的现代管理方法，八连组织全连官兵再次来到铁路南站施工现场。他们参观"样板工程"，请管理人员介绍工地管理经验，与优秀青年员工进行座谈交流，让大家见识了"合理分工"、"计效劳动"、"持续能力"等科学统筹方法。

回到连队后，八连又深挖一锹，组织官兵围绕"质量效益"进行讨论，逐步形成了"节约每分钟"、"量化每个人"、"向每堂训练课要效益"等思想认识。随后，连队为全连80多名官兵制定了训练量化表，克服了以往"一锅煮"、打疲劳战、重数量不重质量等习惯做法，有效地提高了连队的训练质量。

"科学统筹魅力无穷。训练场上出效益，必须用科学的方法组织实施，在质量效益上下工夫，向单位时间要战斗力。"援建施工打了"败仗"的八连，意外地有了新收获。

（孙　斌）

118．不忍揭穿的秘密

"叔叔，这些纸鹤是我亲手折的，我把它送给您，感谢您过年时专门坐车来我们家帮助我们渡过难关……"

拿着一封从沂蒙山寄来的信件和纸鹤，时任八连指导员江成玖的眼眶湿润了。

一个隐藏了 38 天的秘密终于被揭开。

2005 年除夕夜，正当八连官兵欢坐在电视室收看春节晚会时，指导员江成玖突然接到了远在安徽合肥的连队司务长孙明女友打来的电话，询问孙明在哪。江指导员一头雾水：孙明昨晚不是已经回家了么？

此刻，孙明正坐在沂蒙山区沂水县龙家圈乡一个叫杜依梅的小女孩家。当小依梅和躺在病床上的父亲捧着孙明千里迢迢从上海送来的一大包药和 1000 元钱时，父女俩泪流满面地说："您是我们家的大恩人啊！"那夜，孙明陪小依梅父女俩度过了一个难忘的除夕。

杜依梅当时是山东省沂水县龙家圈乡第二小学六年级的一名学生。2003 年 9 月，小依梅的母亲在用打谷机打谷时，一双手不慎被卷进了打谷机，落下了终身残疾。这让原本就贫困的家庭雪上加霜。由于生活拮据，小依梅多次面临辍学。品学兼优的小依梅很想读书，完成自己考大学的愿望。在叔叔的资助下，小依梅勉强完成了小学 5 年级的学业，但是叔叔的经济情况比小依梅家也好不了多少，即将上六年级的小依梅又面临着再次辍学。

这时，小依梅想到了"南京路上好八连"。

沂蒙山孕育了无数英雄。1947 年 8 月，"南京路上好八连"的前身——华东军区特务团四大队辎重连在山东莱阳县组建。好八连参加了莱阳攻坚战、胶东保卫战、济南战役和淮海战役等重大战役。军队打胜仗，人民是靠山。沂蒙山区哺育培养了好八连。

当好八连在上海驻扎后，八连官兵从没有忘记哺育了他们的沂蒙山区。1992年至今，八连与山东省沂水县柴山乡中心小学结成帮学对子，先后资助100多名学生完成了小学学业。八连资助贫困学生的故事传遍大江南北。

2005年初，小依梅的求助信飞到了好八连。

收到信后，八连党支部高度重视，立即召开干部骨干会，说明了小依梅的情况。司务长孙明得知情况后，主动和小依梅结成对子。第二天他利用外出采购的机会，把自己刚拿到的当月630元工资中的600元寄给了小依梅，并寄了一封信给她，告诉小依梅不要担心学费，要她安心学习。从那以后，孙明每月坚持寄200元给小依梅。

然而祸不单行。2005年临近春节时，小依梅的父亲累倒在自家田里，一病不起，家里唯一的经济来源也断了，小依梅再次面临辍学危险。

"叔叔，我爸爸病倒了，我上不了学了。"除夕前一天晚上，正准备休假过年的孙明接到了小依梅打来的电话。

一边是四年没见的亲人和女友，一边是小依梅期盼帮助的眼神。第二天上午，孙明在火车站候车大厅思想斗争了1个多小时后，改签了回家探亲的车票，在附近医药商品买了一大袋药品，揣着准备给女友买礼物的1000元钱，坐上了开往沂蒙山区的火车。

当孙明风尘仆仆赶到小依梅家中亲手把药和钱交给她时，小依梅感觉自己好像做了一个梦……

几个月后，小依梅的父亲恢复了健康，小依梅也上了六年级。在八连官兵和孙明的帮助下，如今小依梅已步入高中。

八连官兵工资不多，精神却十分富有。八连官兵在生活上勤俭节约，但帮助困难群众毫不吝啬。一年，八连远赴安徽三界进行野战化训练，得知当地山区6名贫困学生面临辍学时，官兵们慷慨解囊，捐助6000元帮助6名学生完成高中学业。1992年至今，八连共资助166名学生完成学业。

（丁绍学）

119. 服务无"盲区"

　　八连的品牌是为民服务。然而,在为民服务中八连也曾遇到过这样的尴尬。

　　一天早晨,当八连为民服务队在南京路服务时,一位戴着金丝镶边眼镜的女士,用英语询问八连战士蒋海龙。小蒋听了半天也不懂这位女士在说什么,只好红着脸一个劲地说"sorry"。

　　小蒋的尴尬遭遇引起八连党支部的反思:南京路是大上海的象征,好八连是人民军队的"窗口"。在南京路上为民服务,展示的是中国军队形象。我们的服务既要文明周到,更要讲究素质。

　　连队当天晚上就挑选了12名有一定英语功底的大学生士兵和干部组成了对外服务小组,上海大学毕业的大学生排长陈晶平任组长。连队还制作了人手一张的"英语服务小卡片",上面收集了各类常用英语对话。连队还请来对外贸易学院、上海外国语大学和国际关系学院等名校教师,每周到连队来对对外服务小组进行小培训,系统掌握英语口语知识和国际礼仪等,以此来提高对外服务的质量。

　　连队支部组织有英语基础的战士组成的"对外小组",专职负责与外宾交流。每个战士的衣柜里都珍藏着一件印着大眼睛的黄色T恤,这件衣服有着特殊的含义,它是上海市举办2007世界特殊奥林匹克运动会的志愿者服装。全连每个人都有一件这样的衣服,它代表着63颗赤诚的心。

　　"can I help you?"

　　"you are welcome!"

　　2007年10月,好八连12名对外服务小组官兵走进浦东国际机场和虹桥机场,展开为期6天的特奥会志愿服务活动,身穿黄色志愿服的对外服务小组像一个流动的风景线,处处展示了良好的军人素质和形象。

　　一次，连队通信员陆波在值勤时看到一名英国外宾拿着自己的行李箱上下翻找，边焦急地打着手势边向工作人员说着英语。一旁的工作人员一脸茫然。这时，陆波主动走上前去问道，"what's wrong with you, sir？"

　　原来，这名外宾的行李箱登机标签脱落了，眼看飞机马上就要起飞，可行李却上不了机舱。了解清楚后，陆波急忙带着他来到机场服务台前，为他解了燃眉之急。临上飞机前，这名外宾给了陆波一个热烈的拥抱。

　　当时，虽是 10 月份，但上海的天气依然很闷热，机场大厅室温高达 35 度。战士武伟龙负责把外宾的行李从一楼搬到三楼存放室，没有电梯，小武就扛着行李走楼梯，一个行李箱最少有 40 斤重，他来来回回搬运了几十趟，一刻不停。不一会儿，他就气喘吁吁。

　　"Are you ok？"武伟龙抬头一看，一位金发碧眼的中年人正从包里拿出一盒药递给小武，指着武伟龙志愿服上的标志说："You help us，we help you！"

　　"Thank you！"武伟龙微笑地说。

　　为期 6 天的志愿活动，八连对外服务小组先后送走了 163 个特奥代表团，200 余批 10000 多人次，累计搬运行李约 30000 件。八连对外服务小组官兵良好的素养和严谨的作风给机场工作人员和国外特奥代表留下了深刻印象。

　　群众有所求，八连就有所应。如今，在繁华的南京路。八连的服务形式和服务内容不断延伸，法律咨询、心理疏导等服务已陆续走上街头。

（丁绍学）

120. 震区来了八连兵

"学校在哪里？医院在哪里？我们家的小区在哪里？……难道这就是我魂牵梦绕的家乡吗？"2008年7月，八连六班长廖志勇回到四川省什邡县，急着找寻回家的路，可见到的全是满目疮痍：昔日的高楼变成了一片废墟，马路布满了一道道裂痕，绿茵葱葱褪色成一片灰蒙蒙……

爬废墟，趟水沟，廖志勇边打听边找寻着家人，直到傍晚，才在帐篷集居点找到家人。"7间房屋全塌了，损失近10万元……"劫难过后，亲人相见，相拥而泣。

受灾严重的红白镇原有人口6000多，在这次地震中，有四分之一的居民不幸遇难，房屋全部受损。红白中学764名师生，伤亡400余人。学校计划7月底复课，但眼前还是一片废墟……在与家人的交谈中，廖志勇得知外婆家所在红白镇损失惨重，当即决定利用这一个月的假期投入救灾行动。

廖志勇的想法得到家人的赞同后，第二天一大早，他便带上洗漱用品和干粮，奔向了30公里外的红白中学。

"当时我就觉得奇怪：那名满头大汗的战士，怎么穿的军装与来救援的空降兵部队的不一样？怎么独自一个人在那里飞奔着来回搬运砖块？"红白中学老师陈玉勇说，在他的追问下才得知这名战士是从上海回来探亲的。这次进山看外婆顺道过来帮忙的。忙到天黑大家休息时，他发现小廖手破了，想替他包扎，并要留他吃饭，可他却说还要连夜进深山看望外婆。看着远去的背影，陈老师眼睛模糊了。

可让陈老师没想到的是，第二天早上，当同事们在临时板房学校搬运课桌椅子时，又发现了廖志勇。只见他爬到高高的货柜车上，吃力地往下卸货，还不时指挥着下面搬运的人们。搬完物品，又忙着清理场地。

中午太阳似火，陈老师发现，小廖在路边的大树下，手里拿着未吃完的饼干却睡着了。后来，陈老师得知他叫廖志勇，来自"南京路上好八连"。以后的半个月里，廖志勇一直带伤帮助学校搬运物资。

7月28日，学校正式复课了。在为死难师生默哀的临时操场，陈老师又见到了廖志勇。听说学校复课了，廖志勇专程从什邡城里买来了一大堆学习用品和体育器材，还把官兵们捐给他的3000多元全部捐给了灾区群众。

廖志勇休假期间，只回家看过父母4次。在他回到连队后不久，团里就接到了红白中学寄来的感谢信和几双鞋垫，对他表示衷心的感谢。

（戴升平、徐海滨）

121. 南京路上的"名剪"

"我是来当兵的，不是来侍候人的！"2006年3月，八连新战士蒋海龙被连队编入服务班时，他怎么也想不通。

原来，小蒋毕业于浙江金华卫生学校，怀着要当一名特种兵的梦想来到部队。然而，新兵下到八连后，让蒋海龙没想到的是，连队不但把他编入为民服务班，还让他当理发箱传人。

整整半个月，小蒋愣是没进理发室半步。

"小蒋，你来当兵目的是什么？"小蒋毫不犹豫地说："我就想当一名'优秀士兵'！"八连"理发箱"的第31代传人龚广森是蒋海龙的"师傅"，早就相中小蒋的他没有急着要求连队换人，而是主动和小蒋拉家常。

"你的想法很好，但在八连，想当'优秀士兵'说容易也容易，说难也难。为民服务是我们连队的'金字招牌'，现在连队让你当理发箱的传人你都不愿干，怎么能当'优秀士兵'呢？"龚副班长对小蒋说。"给别人理发别说在21世纪，就是在以往也是件丢脸的事啊。"小蒋犹犹豫豫地说。

"岗位分工无贵贱。"龚广森拉着小蒋的手真诚地说。

班副的话让小蒋若有所思。那晚，蒋海龙想到参观连史馆时，好八连走过的光辉岁月曾深深打动自己；想到入伍时对父母的承诺，想着想着，小蒋安静地进入了梦乡。

第二天一大早，蒋海龙推开了理发室的门。

学理发对于左撇子的蒋海龙来说，比别人更困难，但他凭着一股韧劲，还是在4个月后走上了南京路。2006年6月20日，一位衣着考究的中年人来到蒋海龙的服务点上："你是南京路上好八连的战士吗？"得到肯定答复后，中年人排到了队伍后面。轮到他时，中年人上下打量了一下蒋海龙说："理平头！"蒋海龙按照中年人的要求，一阵"嚓嚓嚓"的剪、推、刮之后，不到一刻钟，一个标准的"板寸"就出来了。中年人对着镜子满意地说："20年前我在南海舰队当兵就听说过好八连，今日一见，果然名不虚传！"

从那以后，蒋海龙的"手艺"就在南京路上传开了。每月10日、20日，蒋海龙的服务点上都排满了长长的队伍，他们都是冲着这位"名剪"来的。

2006年11月30日，蒋海龙郑重地从龚广森的手中接过了理发箱，成为好八连理发箱的第32代传人。那天，小蒋泪流满面，不是因为离别，而是因为这份沉甸甸的责任。

（师世平）

122. 铁路南站的风景线

"把这个任务交给我们班干吧，坚决完成任务！"2005年初冬，寒意绵绵。在位于漕河泾地区，被称为21世纪上海"南大门"的上海铁路南站建筑工地上，4名身穿迷彩服、头戴安全帽的特殊"施工人员"向一位上尉军官表态。

原来，在上海铁路南站建设工程工地上，有一处深12米的地下通风井里积满污水，由于工程排水系统没有完成，井口狭窄，施工机器无法下去，加上建筑垃圾堆积，比较难清理，施工单位心急如焚，束手无策。正准备撤回的八连官兵听说后，都纷纷要求留下来继续作业。班长苏宝刚找到连长彭瑞林主动请缨，要求受领任务。

"好，就交给你们班干！要干得漂亮！"彭连长拍了拍苏宝刚的肩膀。

从11月6日到8日，苏班长带着刘勇、綦海、王大彬三名战士揽下了这个最艰巨的任务。战士王大彬和刘勇在风井底下负责从污水中装运垃圾，其他两人在通风口往上拉。混合着冰冷淋漓的污水，一袋袋垃圾从风井里被拉上来，一会儿，战士们全身上下都被污水淋了个透。战士们轮番深入风井中，搬运建筑垃圾，几名战士的胳膊全都肿了，但他们不叫苦不叫累，没有一个人往后躲。短短三天时间，四名战士磨破了16双手套，搬运出垃圾近8吨。

战士们在施工中还不忘将钢筋头、钢管等可回收建材与垃圾分开堆放。这深深打动了施工单位的工人，他们对八连战士的表现赞叹不已："霓虹灯下的哨兵还是当年那个样，是我们心中永远的榜样！"

（师世平）

212

123. 第一代缝纫机传人

每月 10 日、20 日，在繁华的南京路上总能看到八连为民服务队，他们为群众缝衣服、补鞋子、量血压。尹从凯就是这支队伍里的一员。

尹从凯，2006 年 12 月入伍，是八连二班的一名战士。入伍一年多来，每个月都坚持出去为民服务，找他缝补衣服的人都对他竖起大拇指。

入伍之前，尹从凯对缝纫机可以说是一窍不通。一次，他看到班长正在缝补衣服，针线在衣服上娴熟地来回穿梭，这时，他想到连队缝纫机还没有正式的传人，便主动向连队支部请缨，做缝纫机第一代传人。

接下来的日子，尹从凯整天抱着缝纫机在一旁琢磨，遇到不懂的就向班长请教。他想，一个简单的缝纫机，只要认真去做，耐心琢磨，肯定能学会。然而，当小尹操作起来，才发现比想象中要复杂得多，有时候帮战友缝迷彩服都歪歪斜斜的。"凭现在的技术去南京路服务，不是给连队抹黑吗。"小尹暗暗下定决心，白天工作忙，他就利用休息时间和节假日练，没有材料他就拿自己的迷彩服练。

2007 年 4 月 10 日，尹从凯第一次去南京路为民服务。"小兄弟，这件衣服破了道口子能不能帮我缝一下！"一位 60 多岁的老大爷拿着衣服站在尹从凯面前。"好的，您稍等。"尹从凯拿着衣服正准备缝补，仔细一看，觉得不对劲，原来是件老皮袄，而自己以前都是拿迷彩服练的，根本没接触过皮袄。对此，他感到十分尴尬。

回到连队后，尹从凯四处寻找不同材料的布料进行练习，不断琢磨。周末，他还请假到外面向一些缝纫师傅请教，请他们指点，主动给他们做帮手。经过不懈的努力，尹从凯熟练掌握了对不同材料的缝纫方法。

　　2007 年，他到南京路为民服务 400 多人次，并随服务队 12 次到工地上为农民工服务。他常常这样对自己说，"当我穿上这身军装，就要融入这片绿的海洋中，既然我作为缝纫机的传人，我就要尽全力去学好做好，以自己最大的能力为人民服务。"

（陈晶平）

124. 援救"母亲路"

2008年2月，临近春节，全国上下都沉浸在一片祥和喜庆的气氛中。然而，一场突如其来的暴风雪席卷了大半个中国，暴雪、冻雨、低温也降临了大上海。

"母亲路遭雪灾了！"消息传到八连，官兵们心急如焚，迅速组织人员赶往南京路。

"用自己的双手援救母亲路！"扫把、铁锹、木板……十八般武器齐上阵，温度零下、风雪迎面，丝毫没有动摇大家，个个干得热火朝天。不到2个小时，近2公里的路面被完全清理出来了。

由于雪灾影响了上海的交通线路，负责运雪的车辆无法进入南京路，战士们堆砌在路边近百堆雪成了严重的问题，如果不及时清理掉，雪堆融化后将导致南京路上结冰。

"车子进不来，我们就用人力搬！"连长张道广一声令下，战士们放下工具就搬。

只见4个人一组，扛着100多斤重的雪袋飞奔到九江路，平时这200米的路程走起来毫不费力，但雪天里这200米的距离又湿又滑，有的战士滑倒了又爬起来，有的战士被化开的雪水湿透了衣服，但他们的工作热情丝毫不减，时针指向中午12点时，战士们甚至连饭都顾不上吃，一直战斗在抗雪一线。

1个小时、2个小时……战士们没有一人掉队。路两边的雪堆由于搬运不及时，有的已经结了硬冰，每一锹铲下去都要使很大力气，不少同志的手上都起了水泡，有的战士手上的水泡被磨破了，有的战士新买的军靴由于长时间浸泡在雪水里，脚被冻得麻木无知觉，可是他们毫无怨言，依然在坚持。

"为母亲路作贡献的机会难得啊！"司务长张怡不知从哪找来一辆手推车，十袋雪装在车上将近有几百斤的重量，张怡一趟趟地来回拉，坚持不肯让战友替换他。分布在南京路上的许多商家业主，也在八连战士的感召下，加入到清运积雪的队伍中。

4个多小时后，南京路上的这场"抗雪战"终于结束了。南京路恢复了往日的繁华，但这时八连的战士浑身都是雪水，脱下来的手套、袜子都能拧出水来，手上、脚上因雪水长时间浸透，到处都是褶皱和开裂，但官兵们没有一个叫苦喊累，他们用实际行动向"母亲路"交出了一份合格的答卷。

（滕金奎）

125．巧借他山之石

2005 年 11 月，指导员江成玖带领全连 80 余名官兵支援上海铁路南站建设。

在施工现场，工程师忙着分配任务。"请好八连的同志搬运施工设备；一建公司的同志清理建筑垃圾。"江指导员一看现场，不禁咂了咂嘴。施工设备只有几卡车，而几十吨的建筑垃圾却堆成一座小山，一建公司的十几个人能不能完成？是不是工程师分错了任务？江指导员主动请缨，询问要不要帮忙。

工程师笑了笑说："不用了，他们都已经分配好了，没有问题！"带着一丝疑问，江指导员带着同志们开始劳动，时不时回头看看工人的施工进度。倒车、铲车、吊车有序行动，工人各司其职，不见一点忙乱。一个小时过后，"大山"已经消去大半。正当江指导员目瞪口呆之时，工程师走来介绍了经验："合理分工，发挥每名工人的作用，将个人能力转化为集体力量，才能达到以一当十的功效。"

回到连队，江指导员陷入沉思：平时部队战备任务繁重，训练指标要求高，有时便靠打人海战术保证训练强度，一件训练装备只要 3 名官兵操作，却带着全连扑上去练，造成了一个人干活，众人傻看的现象；有时还过度用兵、随意用兵，导致了劳而无功、忙而无效。

"要想在连队真正落实科学发展观，充分发挥集体力量，就要从珍惜兵力、科学筹划入手，让战士的每滴汗水都流得有价值，让战士付出的劳动有意义。"连队党支部一班人达成共识。

随后，在连队出台了珍惜兵力、科学用兵的"三个严禁"：严禁过度用兵，凡事考虑官兵的承受能力，事事做到精确用兵、科学用兵，把每名战士都用到点子上；严禁随意用兵，不得动用战士打造"形象工程"，不得搞无休止的重复劳动、无效劳动；严禁乱派公差，不准随意抽调战士到机关帮助工作，正课时间不得指派战士随意干活。

　　让战士们的汗水流得有价值，成为八连干部的带兵理念。

（徐海滨）

126．两次倡议发出之后……

"这钱我不能收！灾区有更多更困难的家庭群众需要帮助！"2008年5月13日中午，当好八连指导员黄森将连队官兵第一次捐献的1320元现金递到该连四川德阳籍士官廖志勇手中后，小廖不仅没有接受捐款，反而从自己的口袋里掏出100元，放到了捐款箱内。

地震灾区牵动着八连每名官兵的心。官兵们每天都在第一时间通过广播电视和报纸及时了解灾区的信息。廖志勇家在地震中受灾。12日那天，连长张道广和指导员黄森一直陪伴小廖拨打家中电话，但一直没有打通。直到第二天上午10点多才拨通了小廖女友的手机，得知家中七间房屋全部垮塌，损失近10万元，幸无人员伤亡后，小廖久悬的心总算放了下来。过了两天，焦急的小廖终于接到父母打来的电话，得知抗震救灾的部队已经将他全家安顿好，全家生活有了保障。挂完电话，小廖激动万分。

当天中午，"好八连"党支部立即在全连发出倡议，组织官兵为地震灾区群众捐款，奉献自己的一份爱心。连长张道广和指导员黄森各带头捐款200元。在捐款的队伍中，从连队士官班长，到入伍第一年的新兵，从家庭困难的连队干部，到长期资助希望小学的战士，大家你30元、他20元……纷纷慷慨解囊。短短10多分钟，官兵们就捐款1320元。当党支部决定把连队首笔"爱心款"捐给廖志勇家中时，任凭指导员黄森怎么做工作，廖志勇执意要求把捐款全部捐献给家乡受灾的群众。他动情地说："我们家已经有部队安顿好，这些爱心款要给那些比我们家更需要救助的家庭！"

17日上午，"好八连"党支部再一次在全连发出"节约最有意义的'一分钱'、存最有意义的'一笔钱'"的活动倡议。在指导员黄森和连长张道广的带领下，全连官兵积极响应，大家纷纷以这一特殊的"存款"方式，将最有意义的"一笔存款"全部捐献给了灾区。全连官兵除去当月生活必需开支外，剩余所有津贴和工资全部捐进了"捐款箱"。新战士袁兴吉、刘道锦、陈元毅、刘荣林将自己200多元津贴毫无保留地投进了捐款箱。

大爱无私，真情演绎。"好八连"官兵以这一特殊的存款方式，捐款达8500多元。

随后，连队党支部将这两次倡议所得的近万元爱心款全部交给了上级有关部门，并在第一时间发往地震灾区。

（滕金奎）

127．世博园来了"老兵突击队"

"我们浇注的是水泥钢筋，你们注入的是好八连精神！"2007年11月底，看到八连即将退伍的24名老兵完成大量建筑垃圾清运工作，世博园区筹建工作的领导握着八连连长张道广的手感动地说。

那天清晨，八连的24名即将退伍的老兵自发组建成"老兵突击队"，他们打着"在上海一分钟，就要为建设第二故乡多出一份工"的横幅，来到正在建设的世博园区建筑工地上。

"快，最好赶在他们起床前把这一小片搬完。""老兵突击队"队长、班长戈安华擦了擦鼻尖上的汗，对大家说道。由于所分配的场地建筑工人还没到来，老兵们就先干了起来。战士们迎着初冬的晨曦，卷起衣袖甩开膀子就干开了，老兵们合理分工，一字排开展开流水作业，等建筑工人们来到工地上时，发现一大堆钢材早已被八连的老兵运上了地基。累了，老兵们就在原地坐一会儿，接着再干，整整一上午，老兵们就磨破了20多双手套。一位建筑工人感叹地说："八连的兵就是不一样，工作效率真高啊！"听着赞扬，老兵们心中涌动着军人的荣耀，更加自觉地把所剩无几的军旅时光，洒在建设第二故乡的"战场"上。

从11月15日开始，老兵们主动承担了施工中最苦、最累、最重、最脏的任务，连续奋战12天，累计搬运钢管6500多根、钢筋近6吨、水泥砖上万块，清扫路面达3万平方米，开挖排水沟1000多米，整理木料、板材3300余件，防护网1100多张，清理建筑垃圾8吨多，出色地完成了支援世博工程建设的任务。

老兵们除参加集体劳动外，还利用中午休息时间，抄起自己的

"宝贝",来到各个工棚开展便民服务。理发箱第 32 代传人蒋海龙,为工地上的农民工理了一次发,补鞋箱传人陈小松也来到了施工现场,为工人师傅补鞋近百双。

(师世平)

128．一句留言起"争议"

"我看到南京路服务意义不大，军人的主要职责是以训练为主，练强军事本领才是硬道理。"2006年4月的一天，网名"时代传人"在连队局域网发出一个帖子，很快引发不少战士的同感。

网名"特种尖兵"说："像理发、补鞋这些小事，老百姓都可以自行解决，用不着我们费时耗力去忙活。我们的中心任务是搞训练，为民服务搞得再好，年底评先进也不加分。"

网名"新兵"说："现在社会保障制度越来越完善，很多事情用不着军人瞎操心，军人应该是关键时刻显身手。比如，参加重大自然灾害的救援行动。"

与此同时，网上的跟帖也发了不同的"声音"。

网名"列兵"说："我第一次去南京路服务，内心充满激动。特别是看到那么多人围拢在连队的服务点接受服务，让我感到为民服务这么受群众的拥戴，这说明咱八连为民服务的传统没有过时。"

网名"老班长"说："军民一家亲。军人为社会尽责，为群众服务，是人民军队宗旨的具体体现，无论社会怎样发展，条件怎样改善，为民服务的宗旨不能变。"

……

真是一石激起千层浪。面对"要不要上街为民服务"这个话题，连队党支部"一班人"认真阅读了56条跟帖。他们感到，虽然连队每年新兵下连后都要进行传统交接，但一些同志对连队为民服务的认识还不到位。

为了弘扬连队为民服务的光荣传统，连队专门进行了一次教育。教育中，全连官兵来到连史馆，观看各个时期八连为群众服务的珍贵照片，深刻理解八连几十年如一日坚持为民服务的历史，讲述老百姓和八连官兵的鱼水情意；请连队的"服务班"讲述在南京路上为民服务受到的广泛赞誉；请理发箱传人龚广生、木工箱传人田大兵，补鞋箱传人胡瑾谈为民服务的感受和意义；请长年照顾残疾人胡红根的"服务班"班长邵明哲谈体会。他们还组织官兵学习上海市人民调解员柏万青、一心一意为民做好事的水电工徐虎等心系群众的典型事迹。通过一系列教育，官兵们明白了"人人献出一点爱，社会就会变得更加温暖"的道理，加深了军人在构建和谐社会中作用的理解，从而坚定了大家干好平凡小事、温暖过往群众、展示军人风采的责任感。

为更好地开展为民服务活动，连队还积极听取官兵的建议，进一步规范了为民服务的方法形式，拓宽了为民服务的项目和范围。八连官兵为民服务的意识越来越强，参与服务的热情越来越高。

（范方河）

129. 一场别开生面的交流

"上海给我们带来了许多先进的理念，比如发展意识、效益意识、质量意识、竞争意识、环保意识以及新的消费观念等，把这些观念嫁接到连队的传统中，让传统之树开出新花……"

2008 年 3 月 8 日晚，八连开展了一场别开生面的交流。

二班长蒋海龙兴奋的话音刚落，八班副班长张会就接过了话茬：
"连队也正是运用上海改革开放成果和借助文化、科技资源，不断提升建设标准，促进了连队科学发展。"

是啊，2007 年 11 月，八连参建世博园工程，他们利用施工间隙，组织官兵参观世博园"样板工程"，请管理人员介绍世博园工程建设构想，与优秀青年员工进行座谈交流，在切身感受的基础上组织讨论，引导官兵思考世博园区建设标准、管理理念对连队发展的启示。

指导员黄森谈到："思维层次决定建设水平。要建设一流连队，就要像世博园建设一样，用一流的设计理念，以一流的施工标准建连育人。"

在交谈中，官兵们从黄浦江上一座座跨越之桥，数到陆家嘴的一栋栋摩天大楼；从圆满落幕的北京奥运会，说到令人期盼的上海世博会，无不为祖国的发展感到骄傲自豪。八连在构建和谐社会中无私奉献，让官兵增加一份传递关爱的社会责任感；在抢险救灾中奋勇争先，让官兵强化把人民利益举过头顶的宗旨意识；在重大工程劳动中勇挑重担，让官兵在心系"第二故乡"发展中强化保卫改革开放的使命意识。"海纳百川，追求卓越，开明睿智，大气谦和"，在上海城市精神和艰苦奋斗优良传统的孕育下，八连正朝着全面建设、全面过硬的目标，在科学发展的大道上阔步向前。

大家你一言、我一语，教室内更热闹了。

月上树梢，军号响起。不知不觉间，两个小时过去了，在思想"碰撞"中，官兵们的心中越来越亮堂……

（张宁峰）

130．八连的"声音"有修养

1949年进驻上海时，八连以"夜不扰民，露宿街头"而被传为佳话。如今，就连吹哨、唱歌、喊番号这种小事，八连官兵也做到极致。

八连驻守在上海市闹市区一条住宅区很多的小路上，整座营房就八连一个连队，八连的边上就是江苏路街道东诸安浜小区。连队与小区仅一墙之隔，小区内发出的声响和连队里发出的声音双方都能听得清清楚楚。2007年7月，八连在开展社会主义荣辱观教育中，积极开展"践行荣辱准则，当好文明市民"活动。活动中，八连一名战士提出，连队清晨的哨声、歌声、番号肯定影响了隔壁小区居民的休息。是啊，生活在闹市区，汽车出行有喇叭禁鸣规定，房屋装潢有时段规定。而我们连队的哨声和歌声、番号也要以人为本，不能影响周围居民的正常生活。

对此，八连党支部还专门就此事展开了讨论，制定了限制"声音"的特别举措：哨音有禁鸣区，楼外禁止响哨；歌声有禁唱时间段，晚上和中午禁唱；番号有禁喊规定，休息日和夜晚禁喊。不仅如此，八连还主动与东诸安浜街道联系，及时克服了烟囱过低熏人、炊事班排风扇噪声过大等问题，真正做到不扰民。

特别举措启动后，八连发出的"声音"该轻的时候轻，该响的时候响，既不影响连队一日生活制度，也不影响附近居民正常生活。当地居民们都说，好八连的兵就是讲文明，就连"声音"也很有修养。

（丁绍学）

227

131．一封特殊的祝福信

"将我最真挚的祝福送给你们，愿'好八连'的叔叔们在工作中尽显佳迹，卓尔不凡！"一封带着浓浓祝福的感谢信从安徽省滁州市南谯区大柳镇寄到了八连。

八连在安徽三界进行野战化训练期间，得知驻地滁州中学高一(3)班金希莹同学的母亲不幸患脑瘤，先后辗转广州、上海、江苏等各大医院求医，花光了家里仅有的6万元积蓄，可是病情仍不见好转，为了继续给母亲治病，希莹家四处借钱，几乎变卖了所有家当，最终还是没能挽留住母亲的生命。此时，希莹已经升上了高一，负债累累的家庭已经无力再承担起她的学费，她不得不面临辍学的困境……

驻地有许多像金希莹这样的学生因家庭困难面临辍学。连队党支部决定在驻地开展"重上磨盘山，重走前辈路"暨爱心助学活动，大家纷纷掏出自己微薄的津贴，为6位贫困学生捐赠6000元现金和学习书籍。金希莹就是其中的捐助对象，八连官兵还勉励她不能因贫失志，与她结成互帮对子，承诺每年为她提供1000元资助，帮助她完成学业。

八连官兵在训练间隙还主动到希莹家中帮助农忙。在希莹家中，官兵们看到了什么才是"家徒四壁"，没有一件像样的电器，床铺是用木板临时搭成的，只有墙壁上那只破旧的相框承载着一家三口幸福的笑脸。看着官兵们忙碌的身影，希莹父亲眼噙泪水，上前紧紧握住八连指导员黄森的双手，"好八连的恩情我一辈子都不敢忘啊！""谢谢解放军！谢谢共产党！"

如今，希莹已从阴霾中走了出来，重新拾回了她的"大学梦"。

（滕金奎）

132．服务导游

2005 年 3 月 10 日，八连为民服务队在南京路服务，一名外国人用英语向八连战士杨林询问。小杨听不懂他讲什么，只好红着脸一个劲地说，"sorry！"

不久，一名外地游客，问战士刘秋平到上海野生动物园怎么坐车，不料在场的 5 名战士谁也说不上来，这名游客很失望地走开了。这两件事引起八连党支部一班人的深思：南京路是大上海的象征，好八连是人民军队的一个"窗口"。我们决不能让每一个需要服务的群众留下遗憾。

随即，连队根据调查和群众反映，推出了社保知识咨询、旅游向导、医疗保健、火车航班时刻查询等新型服务项目，并在连队开设了常用英语口语、国际礼仪、法律知识、上海市区道路交通等培训班，提高官兵为民服务的素质和本领。

2008 年 9 月 20 日，一位操外地口音的男子来到南京路好八连为民服务点询问到吴淞码头怎么走。战士张会立即告诉他："有三条路线可供你选择，第一条线路，在南京西路站乘坐地铁 2 号线到中山公园下车，转乘地铁 3 号线坐到淞滨路下车，步行 3 分钟就可以到达；第二条线路，步行到人民广场，乘坐 952B 路公交车到泰和路下车，步行 3 分钟可到达。如果赶时间的话，可到西藏中路九江路路口打的，30 分钟就可以到达。"这位男青年激动地握着小张的手说："解放军同志，你真是活地图啊！"

（张宁峰）

133．业余"演出队"

有迷彩小乐队、葫芦丝表演队、军营魔术师、小孙楠……八连虽是一个小小的连队，但却能组成一个很专业的小"演出队"。

"今天我，寒夜里看雪飘过……"八连迷彩四人组上台了，只见他们有的怀抱吉他、有的弹着电子琴，他们一走上舞台就博得了台下评委和观众们的热烈掌声。

"八连战士就是不一样，不仅操枪弄炮在行，走上舞台也是有模有样！"上海戏剧学院的师生们这样评价八连。说着，有"军营魔术师"之称的新战士沈凯翔登场了，在一套令人眼花缭乱的动作过后，小沈原来什么都没有的双手中，突然飞出一只鸽子……

这是八连与上海戏剧学院联合组织的一场文艺汇演中的场景。

以往，每逢周末和其他重大节日，八连不是组织球赛，就是组织观看录像，形式单一、内容枯燥，官兵们大多提不起劲。这一现象引起了连队干部的注意，他们为此专门召开了改进连队文化生活的讨论会，请大家献计献策。一番唇枪舌剑后，连队决定和共建单位联合开展每月一次小演出活动，以此来培养和发挥战士的文艺特长。

连队先后和江苏路街道一起演出魔术，和上海戏剧学院学生一起学表演、舞蹈，连队在共建单位的帮助下成立了迷彩小乐队和葫芦丝演出小组等。每次表演都有收获，八连的战士"演出队"多次在军地演出上获奖：被称为军中小孙楠的王少伟曾获长宁区驻区部队文艺汇演独唱二等奖，前指导员许方勇拿过诗歌朗诵一等奖，战士迷彩小乐队获过乐队表演二等奖……

（丁绍学）

134. 共话"学雷锋"

2007 年 3 月 5 日，春光明媚，暖意融融。一场别开生面的座谈会在上海大学研究生楼里热烈展开。来自"南京路上好八连"的 10 余位官兵与上海大学研究生院的师生们欢聚一堂，探讨新时期学习好八连、弘扬雷锋精神的意义。

上海大学的师生们对八连官兵在新时期坚守传统、发展传统的出色表现发出了由衷赞叹。

"弘扬雷锋精神与弘扬好八连精神是一脉相承的。"上海大学研究生院党委副书记陈志宏在谈到学习好八连、弘扬雷锋精神时深情地说，"好八连官兵数十年如一日为人民服务不求回报，就是弘扬雷锋精神的具体体现，我们弘扬雷锋精神就是要学习好八连官兵那种艰苦奋斗无私奉献的精神。"

来自雷锋故乡的湖南籍战士雷移运在座谈中说："我从小在雷锋的故事中熏陶长大，现在，我又来到了'南京路上好八连'，接过了好八连精神的接力棒，我要时刻把人民放在心上，自觉当好新时期弘扬雷锋精神和好八连精神的'窗口'。"

研究生王中华、杨智等同学说，随着时代的发展，新时期学雷锋应该创造出具有时代内涵的载体。要学习好八连从小事做起，从一点一滴做起的精神风范，利用自身优势去帮助周围的同学。

"作为一名新战士，我们弘扬雷锋精神就要像雷锋那样做一颗永不生锈的'螺丝钉'，在新军事变革大潮中找准自己的位置，在本职岗位上干好工作为部队建设多作贡献。"入伍仅 3 个月的大学生新战士王浪静激动地说。

上海大学出版社姚铁军社长还结合自己的经历，以及出版《雷锋在我心中》一书的工作实践，谈到应该用高度的社会责任感和公而忘私的道德情操投入到为人民服务中去，这是学习好八连、弘扬雷锋精神的实质。

　　每个代表的发言都赢得阵阵掌声，每个代表的发言都勾起大家对新时期学习好八连、弘扬雷锋精神的新的思索。

（徐海滨）

135．抢救"母亲河"

水，生命之源；水，城市命脉。一场突如其来的燃油泄漏事故，给上海市民饮水安全带来严重威胁。

2003年8月5日凌晨，一艘停泊在黄浦江上海吴泾热电厂码头的1.2万吨级"长阳"号巨型货轮，突然遭到一艘不明船只碰撞，货轮燃油舱被撞开一个直径几十公分的大口子。在风力和潮汐作用下，85吨重燃油沿着黄浦江迅速泄漏，造成浦西段江岸8公里水域、滩涂及岸线遭到原油严重污染。

上海"母亲河"告急。八连官兵立即向上级党委请战，迅即投入到油污的清理工作中。

谁都没料到，污染会如此严重。江堤下五六十米宽的滩涂，半人多高的水草沾满了又黑又黏的污油，两三米高的江堤岸线及各种码头的墩柱及悬浮物，随着潮起潮落，穿上一层厚厚的油衣，燃油和岸滩污泥杂物在高温下散发出阵阵令人窒息的气味。高科技全然派不上用场。

"时间不等人，干！"连长江成玖第一个跳了下去，刚完成海训的八连官兵深谙潮汐与完成任务的关系，等不及早晨6时有关部门送来早餐，也纷纷跳入到半人深的污水油泥中。他们用刀割、用草包吸、用瓢舀，个个手脚并用，很多八连官兵成了"油人"。

班长张德远拼尽全力干了几小时，饥饿、劳累过度，一头栽倒在污泥中，被战友扶起来后，说什么也不肯上岸。等到涨潮，部队上岸休息时，他终于支撑不住昏倒在江边。

许多官兵皮肤大面积过敏，浑身上下火辣辣地瘙痒无比，一片一片起疙瘩，有的像被马蜂蜇了似的，满脸肿得通红，眼睛都睁不开。

上级要求皮肤严重过敏者第二天留队休息治疗，但谁也不肯。次日清晨，第一天参加清污的官兵一个不落全部投入新的战斗。

指导员公举东喊出："把最艰巨的任务交给党员！"八连每名党员在清污中最先下水最后上岸。党员班长李彦鹏清污第一天，腿上就被污泥中的杂物扎了一个口子，但他稍作处理，一直坚持在水中指挥全班战斗。

连续3天，八连官兵早出晚归，清晨6时下水，晚上7时上岸；退潮时争分夺秒割除油草、铲除油泥，并用草包、蛇皮袋装好，一袋一袋递运到岸上；涨潮时抓紧时间抢运堆积如山的各种污染物……

经过两天半的连续奋战，八连官兵清除沾油水草数十吨、含油废弃物和污泥百余吨，擦除了数公里岸壁及水中建筑上的油污。经专家验收，圆满完成任务。老百姓看到滩涂江岸恢复了往昔面容，赞叹不已，感慨万千："有这样的部队，没有完不成的任务，没有打不胜的仗！"

（戴升平）

136．冰天雪地爱民情

2008 年 2 月 1 日，百年未遇的暴雪袭击申城。上海市中心气象台发布了红色预警信号。与此同时，铺天盖地的大雪堵塞了道路，几乎瘫痪了交通。

急！急！急！一个个求援电话打到上海警备区作战值班室。随即，一道道紧急出动命令传达到警备区各部队。

雪情连着军情，抗灾就是作战。

接到出动命令的八连，迅速集结，紧急驰援。风雪中，八连 70 多名官兵分乘数辆卡车，携带野战给养单元，在警车的开道下，一路赶往上海火车站。站前广场上，积压了大量滞留旅客，在天地一片银白的衬托下，显得分外拥挤，这一幕更让八连的官兵格外揪心。

一到指定地点，八连官兵迅速行动起来。他们按照行动预案要求，立即分成 7 个救援小组，展开救援活动。风雪中，7 个小组分别进行着清扫积雪、装运积雪、安装灶具、搭设帐篷、维护秩序等不同任务，后勤保障小组则快速搭建野战帐篷，借助现代化的野战给养单元烧水煮饭。十几分钟后，热水和姜汤就送到了旅客的手中。接着，他们每隔半小时，就为旅客供应一次开水、姜汤和稀饭。在站前广场的另一端，清扫积雪的 4 个小组连续奋战 3 小时，将广场 5000 多平方米的积雪清扫装运完毕。

风雪无情，官兵有爱。在这次抗击特大雨雪冰冻灾害中，八连官兵在火车站连续奋战 6 昼夜，清扫积雪万余平方米，为滞留旅客免费提供盒饭 6000 份、稀饭近万份，开水 4000 桶，为旅客送站、引路 4 万余人次。

看到鲜艳的"好八连"连旗和官兵们为人民的真挚情感，一些滞留旅客饱含热泪，感慨地说："还是解放军亲，共产党好啊！"

在这场没有硝烟的战斗中，八连的野战给养单元就像一个"生命补给站"。一位转业军人对八连的官兵们说："过去只知道'好八连'为民服务很有名气，没想到'好八连'的战斗力也这么强。"

（范方河）

137．挽救"边缘"亲情

2008 年"五一"节，上海市长征医院重症病房内，忙碌着一个年轻战士的身影，病床上的老者憔悴而疲惫。

看到这一幕，门外伫立着的中年男子被泪水浸湿了双眼。往日的怨气、怒气都被这至真至善的人间真情感化。

老者是家住黄埔区六合路的离休干部毛裕良，门口的中年男子是老人曾经发誓不再往来的儿子。病房内忙碌的看护人是八连战士王德玉。

毛老先生原本定居广州，2001 年，随子迁至上海，儿子毛平也考入了上海市公安局，关系融洽。但自从毛平不顾父亲反对，辞职下海后，父子关系急剧恶化。

意见的分歧使父子俩形同陌路。儿子搬出居住，老人成了真正的"空巢"老人。一次，八连官兵了解到这一情况后，主动承担起了照顾老人的义务。

"光照顾老人的生活还不够，我们还得想法帮助他们修复破裂的父子关系。"主动要求和老人结对子的三班长王德玉把话说到了根子上。

毛平的生日是三月初八，毛裕良的生日是六月初十。每到了父子俩生日的时候，王德玉就以"爱"之名给他们互发贺卡进行"感情加温"；给老人剪指甲时，王德玉就讲自己儿时趣事引起老人对往事的回忆，消除怨气；见到毛平时也"故意"把老人过年时对儿子流泪的思念"泄露"出来。

老人病了，王德玉端屎端尿；老人累了，王德玉跑前跑后。三年的风雨无阻，三年的坚持不懈，他用行动践行一个战士眼中的道德准则。

　　邻里把八连战士照顾老人的情况传到毛平那里，毛平内心涌起了极大的波澜：不沾亲带故的战士出于社会大众公德都能对父亲无微不至地关心照顾，可自己却不闻不问，还是人吗？躺在病床上的那可是生我养我的亲生父亲啊。于是，毛平终于走进病房，与父亲深情相拥。

　　无言的教化是行动，无声的滋润是爱意。毛平感慨地说："是八连战士教会了我做人的道理，感受到了血浓于水的骨肉亲情！"

（徐海滨）

第六部分……综合故事篇

138．朱大姐夜访咱连队

世博当前，八连官兵们忘我地奋战在安保一线，但是"母亲路"的群众没有忘记他们。2010年八一节前夕，连队的老朋友——南京东路街道云中社区居委会的朱慧娟书记，满载着社区群众对连队官兵的关心和厚爱，在深夜中赶到了屯兵点。

多年来，朱书记与连队之间有着非常深厚的感情，每次连队官兵去南京路为民服务，她都赶到现场看望官兵，官兵们也亲切地喊她"朱大姐"。7月31日晚，当朱大姐赶到连队时，已是9点钟。全连官兵忙碌了一天已洗漱完毕准备就寝。

战友们得知朱大姐到来，都很激动，互相低语传话："朱大姐来了，朱大姐来了。"看着出来迎接的官兵，朱大姐感动地说："真不好意思，这么晚来打扰，你们太忙了，我们来过好多次，你们都不在，我们就又回去了。这才瞅着空，晚上来打搅你们了。你们辛苦了！我代表云中社区的所有街坊们来看望大家了。"朱大姐激动地紧握着一名战士的手不停地说，"你们辛苦了，辛苦了！""为了世博，这都是我们应该做的。"战士们异口同声地回答。

指导员黄森转向所有人说，"其实朱大姐每天都有忙不完的工作要做，每天都要为很多事操心。但朱大姐再忙时间再紧都没有忘记过我们。现在我们从愚园路搬回了团里，离大姐更远了，但再远，她也从来没有忘记过我们八连。这一次朱大姐在茫茫夜色中不辞辛劳地来看望我们，充分体现了街道社区的人民对我们的关心，充分体现了朱大姐与我们的深厚感情。"

此时，朱书记慈祥的眼中似乎藏了泪花，动容地说："八连与我们云中居委有着十几年的交情，那时候你们住在愚园路，离我们很近。

如今，虽然说你们搬走了，但作为云中居委书记，我不会让这份十几年的感情在我的手里停止干涸。我相信我们云中居委与八连的感情是永远不会变的。当年淮海战役是靠人民群众的扁担挑出来的胜利，今天我们也一定会当好子弟兵的后勤保障队，和你们一起共建世博会。"台下响起了雷鸣般的掌声！

　　指导员黄森代表全连官兵对朱大姐表态："请朱大姐放心，我们的战士一定会出色地完成世博安保任务。等到世博会结束了，再请朱大姐过来一起喝庆功酒，战友们，大家说好不好？""好！好！好！"官兵们坚定而有力的回答，在空中久久回荡。

（丁绍学）

139．可贵的误解

晚霞已过，但天边仍然残留着一片火红的云彩，火辣火辣的……

第九安检小组正在执勤，傍晚的游客相对较少，安检口也显得格外安静。出口处，急匆匆地走来一位游客问道："今天上午我在通过安检口时，被你们没收了一把瑞士军刀，现在我来取，麻烦你们给我吧。"

小组长蒋海龙了解情况后，便立刻查阅当天的物品交接清单，对那名游客说："先生你好，我们已经把军刀交接给民警了，我帮你问问去，请稍等下。"游客满脸疑惑地等待着。由于此时民警正在换班，游客等得不耐烦了，开始怀疑战士私藏了他的那把军刀，对安检人员说话的口气也越来越冲，不管怎么解释，就是听不进去。眼看着游客快吵起来了，此时箱包检查员郭生川急中生智，赶紧跑上去把物品交接登记本拿给游客看，游客看到这个不起眼的小本上密密麻麻详细地记载着查获违禁物品的种类和时间，列表中详细地写着：禁带品 XX 件、限带品 XX 件、贵重物品 XX 件、交接给民警的物品 XX 件等等。

正在这名游客查看的时候，民警也赶来了，民警陪着游客来到交接物品登记处，并在登记口把游客的军刀交还，消除了游客的误解。当这名游客再次回到安检口的时候，满脸愧疚地对安检人员说："你们的工作真细致，刚才是我太鲁莽了，真对不起！"

经历这次小风波后，连队还专门组织召开了一次小组长碰头会，肯定并表扬了第九组的情况处理得好，更表扬了小组的这个交接物品登记本做得好。这种列清单的方式不但使安检员能够很快很清楚地了解每一件物品的去向，也让游客感到放心，这个登记本也在全连推广开来。

（张宁峰）

140．分解的打火机

　　世博会过半的时候，互联网上到处流传着"安检攻略"。这些"攻略"详细地罗列了各种把违禁品夹带进园区的方法。针对此情况，连队主动联系上海火车站、虹桥机场等单位组织官兵跟训实习，设置各种难题开展模拟对抗训练，让每名官兵都练就一双"降妖除魔"必备的"火眼金睛"。

　　一天上午，一名中年男子来到5号安检口，安检中他不断催促扰乱安检员，还没等X光机执机员侯明月判别清楚情况，该男子就拿起包准备离开。这时，一个自信的声音及时响起，"报告组长，包里有打火机。"X光机执机员侯明月坚定地说。"怎么可能呢？简直是胡说八道！"游客不耐烦地争辩。"打火机拆成了4个部件，分散在包里了。"小侯准确指明情况。听到这儿，游客脸红了。箱包检查员一看，果然，一个打火机拆成了4个部件，放在了包的不同夹层里。这名游客心服口服，由衷地说："'安检攻略'也攻不破你们啊！"

　　安检执勤中，面对着各种复杂的情况，有的游客将打火机分解后四处藏匿，有的把打火机藏在鞋底下，甚至有的将火柴夹藏在报纸杂志里企图混过安检，但这些都被战士们的"火眼金睛"一眼辨清。

（孙　斌）

141．连长与嫂子的电话

八连连长张道广自从结婚以后与妻子聚少离多，妻子独自住在市里一个简陋的出租屋里，更多的时候，张连长只能坐在营房对面的石凳上，通过手机和爱人联系。

每当这个时候，平时在战士们面前"声如雷、面如铁"的连长，声音便会变得柔和起来，脸上也洋溢着灿烂的笑容。战士们一想到连长结婚两年时间来，和嫂子没时间花前月下，把绝大部分时间都放在了连队，放在了他们身上，就非常感动，看到连长和嫂子通话时一脸的开心，战友们都感到很温馨，相信嫂子肯定很支持连长的工作，他们之间的感情一定很好。

2010 年张连长的妻子来过连队两次，每次都会带些糖果分给战友们，遇到大家都很热情地打招呼，战友们都说："嫂子人真好，肯定是贤妻良母，要是能多来几次就好了。"有的战友还戏称："别看连长回家少，但是思想工作效果比较明显，成功的连长背后总是有一个默默支持他的妻子。"

执行世博安保任务以后，连队的各项工作比较繁忙，连长与嫂子的联系一下子挂了"空挡"，有的战友都替连长着急："再不打电话回家，估计嫂子要生气了。"一天晚上 9 点钟左右执勤的时候，连长接到一个电话，柔声地"喂"了一下，战友们知道这是嫂子打电话过来了，正侧耳等待着连长的"甜言蜜语"，却发现连长的表情异常地凝重，眉头也紧锁在一起，这个反常的举动让大家的心情也跟着沉重起来。电话挂了以后，连长的情绪又恢复了正常，在后面的工作中依旧劲头十足，让战友们长舒了一口气。

一个星期以后，张连长悄悄地请了事假，回了趟家。后来，大家才知道早在十多天以前，嫂子就因为煤气中毒住了院，那天的电话是嫂子脱离危险期、身体有所好转时打给连长的。连长知道情况以后虽然心里着急，可迟迟没有回去，依然把心思放在执勤上，一直守在安检口上，从引导员到箱包检查员，逐个岗位检查，对于重点情况的处理亲自示范，中午的时间也从没好好休息过，每天的饭菜也是让战士带到安检口上，匆匆吃完，再投入到现场指挥中，半夜回到屯兵点，又加班加点梳理执勤中存在的问题，不断修改执勤规范，一周下来他的眼睛里泛着血丝，面色憔悴了许多。想到连长家中的困难和日夜操劳，战士们的心里也在默默呐喊："连长，其实你可以放心回去的，执勤有我们在呢，即便你不在，我们也一定把工作干好，不会给你丢脸，不会给连队丢脸！"

现在连长和嫂子打电话时又恢复了以往的温馨，战友们也都为连长和嫂子祝福。

（孙　斌）

142．张连长道歉

2009 年 3 月，团里开展"正规化管理示范月"活动，凡事都要争第一的八连官兵，立刻行动起来。

一天，连长张道广发现五班内务特别整齐，尤其是衣柜内的衣服挂得很"服帖"，非常美观。这是副班长闵宝川的"杰作"。他在肩章处插上一块纸板，增加固定点后，用绳子将所有衣服连成一个整体。张道广当即拍板，在全连推广。不久，八连战士又"丰富"了这一做法，使毛毯、挎包、被子，都有了一层"内装甲"，内务质量看上去很不错。

可是，每次取衣服，必须拆掉这个"整体"。一次，团里对八连进行战备拉动，为了拆掉这些"内装甲"，八连整体出动时间整整推后了一分多钟。

时间就是战机。第二天，八连专门召开连务会研究"内装甲"问题。会上，很多干部骨干认为，团里开展"正规化管理示范月"活动，目的是贯彻落实好从严治军要求，而从严治军也是为推动战斗力建设服务。如果连队为了图好看，而不从注重战备拉动实际出发，推广这种中看不中用的"虚把式"，肯定与"正规化"建设背道而驰。

听完干部骨干们发自肺腑的真心话，连长张道广主动道歉承认自己决策盲目，没有从连队战备训练实际出发。会后，班里就把"内装甲"去掉了，虽然内务质量下降了，但官兵心里的顾虑却消除了。

（戴升平）

143．小韩的趔趄

走进八连的洗碗间，一块块绿色的防滑垫便映入眼帘。说起防滑垫，班长江成科由衷地说："小小防滑垫，科学保安全。"

一段时间，八连洗碗间地面是"裸露"的瓷砖，洒水沾油很滑，战士们洗碗时稍不留神就被滑得东倒西歪。为此，有的战士在班务会上建议：铺上防滑垫。可班长解释说："无论啥事也不能忘记艰苦奋斗是咱们的传家宝，能克服的就别给连里增加负担，要把每一分钱用在连队建设的刀刃上。"

2005年冬季的一个早晨，战士韩斌在洗碗时脚一滑，一不留心重重摔倒在地，支撑身体的右手腕错位……

一摔激起大家议。连队及时召开连务会，大家畅所欲言分析摔伤原因：如果铺上防滑垫，就不会摔伤人；讲艰苦奋斗不能以牺牲安全为代价；战士反映的问题，干部骨干不能因小而无视之……会上，大家纠正了个别骨干对艰苦奋斗传统的狭隘认识，提议购买防滑垫，在全连广泛开展以"继承传统谋发展，以人为本搞建设"为主题的学习大讨论中，梳理出用电、用气、室外执勤等6个安全隐患问题，并及时进行了整改。

从此，连队再也没有发生任何安全问题。

安全发展是科学发展的题中之义。八连从大处着眼，小事着手，把安全发展纳入连队"正规化"建设的重要地位，一步一个脚印，打好安全基础。

（葛传宝）

144．网上开通了"连心箱"

随着军队信息化建设的飞速发展，网络在基层连队占据了越来越重要的位置，成了大家相互交流的平台。八连官兵也把连队的"意见箱"搬到了局域网上。

2006 年 8 月，连队建起了局域网，每逢节假日，大家都来到电脑房"冲浪"。指导员黄森灵机一动，把"连心箱"搬到网上，这样既可以利用网络便利的交流平台进行相互沟通，又避免了官兵面对面提意见的尴尬。于是，一个精美的网络"连心箱"设立在指导员的博客上。仅短短一天的时间，就收到了 58 条信息，几乎连队每名战士都留了言。"指导员，就餐的饭桌坏了好几天了。""指导员，我感觉这一周的工作安排不是很合理，理论学习的时间和军事训练有冲突。"网络"连心箱"无形中消除了官兵间的隔阂，大家纷纷说出了心里话。

不仅如此，网上"连心箱"还成了战士交流情感、化解矛盾的空间。2007 年 11 月，老兵面临退伍，细心的指导员发现，老战士秦济昆最近干工作不如以前那么踏实，有什么事总喜欢派遣新同志去干，一次晚点名，指导员黄森用"退伍不褪色"的道理严肃地批评了他。第二天，黄指导员在网上"连心箱"发现了秦济昆给他的留言帖，"指导员，昨晚上被您点名批评，我觉得很委屈，其实这是为了锻炼新同志们的处事能力……"秦济昆真诚的心声，使一段本不该有的误会消除了。

为了充分发挥网络"连心箱"的作用，在选改士官、立功受奖和选送技术学兵等涉及战士切身利益的问题上，连队党支部都要通过网络，采取投票方式征求官兵意见，做到"一碗水端平"。

（张宁峰）

145. 小药箱

在八连，每个班都放有一个小药箱，里面存放着红花油、双氧水、碘酒、药棉、创可贴、感冒药等常用药物，定期更换，以备战士急用。

小药箱的由来还要从 2007 年 8 月份说起。8 月底，连队到安徽三界进行为期两个月的野战化驻训，在野外条件下，战士睡的都是自己挖的猫耳洞。洞里阴暗潮湿、蚊虫又多，再加上每天在崎岖的山林里奔袭打战术，官兵们很容易受伤。

一次，在营战术汇报演习中，战斗刚刚打响便下起了倾盆大雨，战士们在泥水中匍匐前进，顶着风雨冲上山头。虽然圆满完成了汇报任务，可是很多战士因淋雨患上了感冒，由于班排居住分散，很多战士翻越几个山头，才解了燃眉之急。

在一次连务会上，班长王德玉提出，如果我们每个班都有一个小药箱就好了，这样班里战士在训练中出现点伤风感冒、碰伤、扭伤等问题，就可以自行解决。这一提议得到大多数官兵的赞同，连队依托团卫生队和营卫生所，给每个班配发了小药箱，备了常用药。

两个月驻训下来，连队战士都享受到了小药箱带来的便利。就这样，他们的小药箱一直延续到现在。

（张宁峰）

146．热水器安家记

2005 年 10 月份的一天，指导员江成玖和往常一样打开连队意见箱。"最近连队官兵因用冷水洗澡而患感冒的比较多，连队能不能为每排安装一台热水器"、"每层楼的洗漱间空间比较大，能不能单独开辟出一块洗澡的区域"等十几份内容基本相同的建议信引起了他的格外注意。

原来，八连营房的浴室一直没有专门烧水的设备，一年四季，战士们都是在连队洗漱间用自来水洗澡，这给大家生活造成了极大不便。

连务会上，讨论热烈。安装一套可供近百人用的太阳能热水器，至少得要 20 多万，许多人表示反对："连队冷水澡都洗了几十年了，再安热水器是花冤枉钱。"还有人说："艰苦奋斗是连队的传统，买热水器有奢侈之嫌，别让人说丢了传统。"一时间反对的人占了上风。

支部会上，大家最终还是达成了共识，战士们这样说是出于维护连队的考虑，是一种不得不"忍痛割爱"。支部"一班人"可要认识到兵为连本，爱护战士身体健康，与发扬连队传统并不矛盾，不能为了要艰苦奋斗的形式而以牺牲战士的健康为代价，必须想办法解决这个问题。连队通过有关途径了解到上海经贸委有一套全智能太阳能热水器正在实验过程中，如果选择试用可得捐赠。

经过多方努力，在上海市黄浦区委的协助下，2006 年 8 月，上海经贸委决定投资 40 万元，在八连进行智能太阳能热水器系统试用，同时帮助战士解决洗热水澡的问题。为了更加方便战士，连队还在每一层楼的浴室设立了隔间。官兵们兴奋地说，"连队有了'太阳能'，再冷的冬天，我们也能洗上热水澡了。"

（陈春雷、徐海滨）

147. 一波三折的小广播

2007 年 11 月，八连在开展读报学习活动时，看到一则有的单位为了不影响战士吃饭取消饭堂小广播的做法。此事在八连引起一阵风波。

连队指导员黄森在网上"连心箱"里先后收到 5 条意见不一的意见信。对此，全连官兵专门就"连队小广播影响了播音战士的正常吃饭应该取消吗？"展开大讨论。

"小广播影响吃饭，但小广播带给了我们很多欢乐，是传递战友祝福、帮助战士学习的一个重要平台，不能丢！"

"如果为了保障战士吃饭而取消小广播，那我们是不是为了保障战士睡觉而连岗哨也不站了？"

"是不是为了确保战士的健康而随意降低训练难度？"

"是不是为了落实以情带兵而放松管理要求？"

当兵站岗、训练执勤是每个军人应尽的义务。连队贯彻以人为本，学习实践科学发展观绝不能走极端。对此，连队党支部迅速组织官兵学习了科学发展观士兵读本第四章第三条：把以人为本作为重要的建军治军理念，必须符合军队作为武装集团的特殊性，适应遂行作战任务的要求。要把爱护官兵生命与培育战斗精神结合起来，要把关心官兵个人发展与从严治军统一起来，要把尊重官兵权益与确保一切行动听指挥统一起来。

学习讨论过后，八连的饭堂小广播不仅没有取消，反而革新了形式。由以前演讲口才好的战士主讲改为由全连战士轮流上岗，但播音的时间短了，音乐的品种多了，节目的内容更加丰富了。

（丁绍学）

148．图书室内的先进理念

八连图书室藏书很多，业余时间大家经常利用它给自己加油充电。但由于图书管理员由每班轮流派战士担任，缺乏连续、正规和有效的管理，战士们借书自己拿，还书随手放，时间一长，历史类书架上放着《连队文艺节目荟萃》、《军人心理训练实用技法》，文学类书架上插着《中国现代化下西部开发与国家安全》、《中国外交战略和政策》。渐渐的，来图书室的官兵越来越少了。

2006年8月的一天，刚入伍的大学生士兵左辉找到指导员汇报了自己曾在大学当过图书管理员的经历，想担任连队的"图书管理员"。

第二天，左辉在图书室"上岗"了。

为了学习先进的图书管理经验，小左专门利用周末跑到黄浦区图书馆找专职老师请教，在反复思考和总结中提高自己的管理能力。比如，借连队之力搞"做文明的书客"主题教育，使广大官兵珍惜看书机会，培养良好的情操；将连队3000多册图书按社科、军事、经济、娱乐等类别归类，打上标码，盖上专用印章，并制订书目，作好备注；制订图书馆借阅规定和图书借阅登记本，利用制度抓管理。另外，所有借出和归还的图书，都由小左拿出和放入，既方便官兵们借书，又方便管理，不至于书目混乱。

在左辉的努力下，图书室恢复了正常的秩序，管理上的完善吸引了越来越多的官兵，连队图书室又变得"读者盈门"了，小左深有感触地说，都是借鉴地方先进管理经验带来的结果。

（钱中伟）

149.心灵"加油站"

"亲爱的战友们，'心灵加油站'节目又和大家见面了……"每天中午，八连官兵在饭堂总能听到这段熟悉的开场白。听着小广播，战士们感到格外亲切。

八连的小广播已经开办了有些年头，发挥着较好的舆论小阵地的作用，但2007年5月，八连对小广播的一次调整，却遭到了一些战士的反对。一些战士抱怨道："饭堂小广播的内容看似增加了，但形式和栏目还是老一套，每天总是念广播稿，内容枯燥无味。"

战士们的抱怨声，很快传到指导员黄森耳里。他想，饭堂小广播已成为战士们的"编外指导员"，大家都对它关爱有加，连队对小广播进行改版，目的是为了更加适应战士们的需求，但因为没有征求战士们的意见，就盲目调整，效果适得其反，要让战士喜欢，就要了解他们的需求。

根据战士提议，饭堂小广播再次进行了调整。其中增设了"讲述自己故事"专栏，让大伙儿轮流上台播音，讲述自己的军旅感言，不仅锻炼了战士的口才和写作能力，还使战士们增进了互相了解。连队还把每次训练考核成绩在小广播里播报，让大家在第一时间了解成绩，增强竞争意识；每天坚持播报3篇讲述人生哲理的小故事，教育战士们为人处世的道理……

很快，战士们把饭堂小广播当成了自己的"心灵加油站"。炊事班战士赵鑫由于身体单薄，体能训练一直是他的弱项，虽然班里的战友们都尽力帮助他，但每次考核还是班里的"副班长"，渐渐产生了自卑感，原本不善言辞的他变得更加内向。自从饭堂小广播开设了"讲述自己故事"栏目，小赵听到别人的"讲述"后，也鼓起勇气写了篇"自己的故事"，播出后，大家反映都很好。指导员黄森因势利导，又鼓励小赵写了6篇小广播稿，并连续让他担当播音员，小赵渐渐开朗起来，训练场上也不再闷声不语了，训练成绩也有了较大提高。

八连的"心灵加油站"从此变得更加红火。

（滕金奎）

150. 幕后"小能人"

"咦，这才几天工夫，八连从哪里搞来的新黑板？"2006年8月三界野战化训练场，黑板报评比中八连一举夺魁，给各兄弟连队来了个出其不意。

指导员黄森在事后的总结会上，激动地说："这次评比得胜，要给我们的'小能人'立头功。"

"小能人"何许人？战士张鹏也。他是连队"为民服务班"的木工小能人，连队桌、椅、板凳修理都离不开他。

"黑板都成这样了，咋不换一个新的？"看着文书朱沈鑫正在费力地往布满一道道划痕的黑板上涂油彩，张鹏问道。

"荒郊野外的训练场到哪里去做新黑板啊？"朱沈鑫皱着眉头说。

"不给连队做出新黑板，我就枉为好八连第32代木工箱传人！"张鹏自信满满地说。说干就干，张鹏行动起来。

盛夏的中午，小张的衣服被汗水浸湿了好几次；下午山风变凉，小张背上的衣服结满了一层层白色的汗碱；晚上，小张用强力胶粘合切割下来的木板，手被搞得青一块紫一块……

一个星期后，一块崭新的黑板出现在八连官兵面前。不仅美观大方而且结实耐用，最终八连在团黑板报评比中取得第一名的好成绩。

面对全连官兵的赞许，张鹏只是笑笑说："我是八连的一兵，我为连队做什么，都是应该的。"

在八连像张鹏这样的幕后"小能人"有很多，他们积极为连队建设出谋划策，为建设节约型连队作出了应有的贡献。

（徐海滨）

151. 才艺"PK"展风采

"军营啊，军营啊，收藏了我的青春……"二班战士沈凯翔弹起吉他边跳边唱走上舞台，一曲《军营情结》博得台下评委和观众的阵阵掌声。"8分、9分、9分、8.5分、9分"5名评委相继亮牌示分。接着，一级士官王德玉打着快板说起了单口相声："改革开放30年，全国人民笑欢颜。党的历史记心中，满怀激情话巨变……"比赛紧张激烈，大伙轮番上台角逐。最后，指导员黄森宣布第一轮冠军被六班战士刘道锦夺得。

以往，每逢周末和其他重大节日，八连不是组织球赛，就是组织观看录像，形式单一、内容枯燥，官兵们大多提不起劲。这一现象引起了连队干部的注意，他们为此专门召开一次改进连队文化工作的小型讨论会，请大家献计献策。一番唇枪舌剑后，连队决定周末活动要以战士的需求为本，突出才艺"PK"环节，采取有演艺的战士自愿报名、抽签轮流"PK"、评委当场亮分等形式进行。这样一来，不仅为官兵缓解了情绪，放松了心情，而且为官兵提供了施展才华的广阔舞台和空间。

"这样的周末过得太愉快，太有意义了。"八班长朱瑞平兴奋不已。通过才艺"PK"赛，连队官兵演艺水平得到明显提高，前不久在参加上级纪念改革开放30周年歌咏比赛中，夺得一等奖。

（徐海滨）

152．老画家再画"好八连"连环画

　　50 年前，当驻守南京路的上海警备区某部八连被中华人民共和国国防部授予"南京路上好八连"称号后，汪观清与贺友直、郑家声、陶长华、端木勇、任伯宏、任伯言等一批上海画家，就来到八连蹲点采风，创作了那本当年很受热捧的《南京路上好八连》连环画。

　　50 年后的 2013 年春节前，年逾八十的老画家汪观清，又和一批老中青画家来到"好八连"驻地采风，共同创作《南京路上好八连 2》连环画。汪老感慨地说，50 年前一起来八连蹲点采风的好几位同仁已经不在世了，年高九十的贺友直和身体不好的郑家声、端木勇也不能与我再次来到八连，但我看到如今的八连官兵与当年的八连官兵具有同样良好的精神风貌和过硬军事素质，让我有了回"娘家"的感觉。

　　与这批老中青画家来到八连采风的还有上海人民美术出版社连环画编辑康健。他告诉笔者："传统连环画推向市场也许未必紧俏，但我们非常愿意也很荣幸地想为'好八连'留下今天的纪念，因为这是一份传承，也是一种使命！"康健还透露，临来八连前，老画家汪观清已和出版社资深编辑曹欣渊一起，从悉心搜集来的 300 多个"好八连""今天"的新故事中精选了 25 个故事，拟改编成《南京路上好八连 2》连环画文字脚本。

　　为展现"好八连"官兵的神采，八连官兵在摄氏零下 2 度的寒风里一字排开，时而操练队列，时而擒拿格斗，其虎虎生威的精神风貌，令在场画家们也笔下生风。50 年前也曾参与过《南京路上好八连》连环画创作的老画家陶长华，一边为官兵们喝彩叫好，一边在纸上"刷刷"行笔，须臾间，某位年轻战士的矫健身影跃然纸上。

　　现场写生后，画家们又饶有兴致地参观了"好八连"的宿舍、活动室、图书室、多功能电教室等，还与官兵们在食堂共进午餐。饭桌上，老画家陶长华还顺便开始了"采访"，询问战士们长年照顾南京东路街道云中居委会孤寡老人的细节，并与战士们相约同赴云中居委会，与老人们面谈后再动笔创作。

　　这20多位老中青画家从"好八连"采风回来后，经过一个多月紧张而有效率的热情创作，《南京路上好八连2》连环画中的25个小故事作品已经顺利完成，预计这本再现"好八连"50年后新风采的连环画将于2013年4月与广大读者见面。

（孙佳音）

图书在版编目(CIP)数据

霓虹灯下新哨兵:南京路上好八连故事新编/上海
警备区政治部编著.—上海:上海人民出版社,2013
ISBN 978 - 7 - 208 - 11350 - 3

Ⅰ.①霓… Ⅱ.①上… Ⅲ.①故事-作品集-中国-
当代 Ⅳ.①I247.8

中国版本图书馆 CIP 数据核字(2013)第 065350 号

世纪文睿出品
Century Literature

出 品 人　邵　　敏
责任编辑　邵　　敏
助理编辑　曾　毅　蔡艳菲
封面装帧　赵为群
封面题字　韩　　敏
插　　图　忻秉勇　吴耀明　聂秀公　黄全昌
　　　　　叶　雄　孙　愚　陆小弟　刘为民
　　　　　郑庆谷　王重圭　齐亚明　钱定华
　　　　　陈云华

霓虹灯下新哨兵
——南京路上好八连故事新编
上海警备区政治部 编著

出　　版　世纪出版集团 上海人 民 出 版 社
　　　　　(200001　上海福建中路 193 号　www. ewen. cc)
发　　行　中国图书进出口上海公司
字　　数　196 000
I S B N　978 - 7 - 208 - 11350 - 3/I · 1123